Hermann L. Gremliza

Frau Schwarzer ihr Haus seine Lieblingswurst

Hermann L. Gremliza

Frau Schwarzer ihr Haus seine Lieblingswurst

Konkret Literatur Verlag

Gesamtherstellung: satzbau GmbH, Hamburg
Druck: Fuldaer Verlagsanstalt, Fulda
ISBN 3-922144-98-5

Der Branchendienst »text intern« hat die Photographie mit einer Bildunterschrift versehen:

Die drei unternehmungslustigen Herren (von links nach rechts: Johannes Gross, Herausgeber »Capital«, Rudolf Augstein, Herausgeber »Spiegel« und Theo Sommer, Chefredakteur »Die Zeit«) sind auf diesem Bild soeben dem Hubschrauber entstiegen, um sich alsbald gen Bertelsmann zu begeben. Dort waren sie zu einer Podiumsdiskussion im Rahmen des Bertelsmann Forums eingeladen worden. Thema: »Deutschland wählt«

In freier Wahl, zwischen unternehmungslustigen Herrn, die getrennt kommentieren, um sich alsbald vereint gen Bertelsmann zu begeben. Den *nom de guerre* für das Trio national steuert die Agentur bei, die das Bild vertreibt. Sie heißt »teutopress«.

*

Kohl in China über Kohl in China:

Der Besuch unterstreicht die Bedeutung, die wir solchen Besuchen beimessen.

Ein Mann geht seinen Weg.

*

In der »Welt« beklagt ein Carl Gustaf Ströhm, daß die US-Regierung den alten Nazi Waldheim nicht einreisen lassen will:

Überdies wird hier eine bei den Amerikanern weitverbreitete Unkenntnis der Zustände im Dritten Reich erkennbar: zwischen Wehrmacht und SS, zwischen NS-Funktionären und Heeresoffizieren werden keine Unterschiede gemacht.

Amerika, du hast es besser. Und wie gern würde ich dem Augenblick, der mich in Unkenntnis der Unterschiede zwischen Wehrmacht und SS, zwischen NS-Funktionären und Heeresoffizieren versetzte, zurufen: Verweile doch, du bist so schön!

*

Theo I.

Die Frage, ob Waldheim nach Washington dürfe, läßt ihn kalt. Ihn treibt vielmehr das Problem um, ob jener

gleichsam im Inkognito des Präsidenten je zum Staatsbesuch an den Potomac eingeladen würde?

Der Potomac ist sein Lieblingsfluß. Man mag sich gar nicht ausmalen, was aus Theo geworden wäre, hätte das Diluvium die Knatter in Washington hinterlassen statt in Kyritz. Womöglich wäre uns ein ganzes Oeuvre entgangen, und wir hätten nie erfahren, was die Österreicher bei der Wahl Waldheims gehofft hatten:

Die Österreicher hatten gehofft, protokollarische Rücksicht werde die bohrenden Erinnerungen überwuchern.

Das hatten sie gehofft? Rücksicht werde das Bohrende überwuchern? Ein eigenartiger Volksstamm.

*

Artikel 5

Jeder hat das Recht, seine Meinung... und davon machen sie dann Gebrauch. Naßforsch reaktionär in Springers »Welt«:

Holger Börner wirft das Handtuch

Voll linksliberaler Trauer in der »Frankfurter Rundschau«:

Börner wirft nach Bruch das Handtuch

Jugendlich zornig und kraß alternativ, den neuen Lebensformen verpflichtet, in der »Tageszeitung«:

Börner wirft das Handtuch

Populistisch schmucklos in der »Bild«-Zeitung:

Börner schmeißt hin

Was? Das Handtuch. Eine Zensur findet ja nicht statt.

*

In der »Frankfurter Allgemeinen« fürchtet sich ein Karl Feldmeyer vor einer Zeit,

in der Menschen leben, die dem Erlebnis der staatlichen Einheit als Ausdruck des Zusammengehörigkeitsgefühls des deutschen Volkes weiter entrückt sein werden als die Heutigen.

Das ist die eleganteste Umschreibung, die mir je untergekommen ist: Menschen, die dem Erlebnis der staatlichen Einheit als Ausdruck des Zusammengehörigkeitsgefühls des deutschen Volkes noch nicht entrückt sind — für: alte Nazis.

*

Otto Schily läßt ausrichten:

Der Appell der Brüder von Gerold von Braunmühl ist ein bewegendes und eindrucksvolles Dokument menschlicher Größe und Klarheit, das den Kälteschatten des Todes der mörderischen Wahnideen der RAF zu durchbrechen sucht.

Ferndiagnose: declinatio in genetivum tremens (zwanghafte Beugung in den Wesfall).

*

Als sie dem Wilfried Hasselmann dahintergekommen waren, klagte er:

Es ist schon bemerkenswert, daß einer Nutte eher geglaubt wird als gestandenen Kriminalhauptkommissaren und einem Minister.

Es wird wohl daran liegen, daß die Nutte den Preis nennt, für den sie bereit ist, Hauptkommissaren bei der Beförderung zu gestandenen Hauptkommissaren zu helfen, während Minister ihre Ehre mit der Beteuerung verteidigen, daß sie dem Freier für seine 40.000 Mark nicht den geringsten Dienst geleistet und ihn also betrogen hätten.

*

August der Halbstarke

Der dienstälteste Außenminister aller Zeiten und Länder, Halter des Weltrekords in Dauerdiplomatie, beim Takt-Training:

Es ist immer wieder vergnüglich, Genscher zuzuhören, weil er voller Anekdötchen steckt. Etwa der von der Begegnung mit dem Präsidenten der »DDR«-Volkskammer, Horst Sindermann, bei der Verbrennung der ermordeten Indira Gandhi. Da habe er neben diesem gesessen und ausführlich mit ihm plaudern können, weil es ja vier Stunden dauerte, bis die Leiche zu Asche war. Immer wieder sei Indiras Sohn Rajiv mit einer Kanne um die Feuerstätte gekreist und habe Öl auf die Flammen gegossen. Das sei sicher eingeschmolzene EG-Butter gewesen, weil Indien nur für diesen Zweck die Butter importiere. Und bei jeder Kanne habe er gedacht: Schon wieder 20 Ecu (künstliche Währung der EG, die Red.).

Genscher, behauptet die »Bild«-Zeitung, »verbreitet Leutseligkeit. Er trägt gern Wiener Kaffeehaus-Charme — vielleicht weil er Sachse ist«. Das erklärt es.

*

Theo bildet auch aus. Einem seiner Schüler, dem Christoph Bertram, gelingen die Metaphern schon beinahe so hübsch wie seinem Meister:

Eine lahme Ente im Weißen Haus... Der Magier von Washington, der allen Fachleuten zum Trotz immer wieder instinktsicher und applausbewußt politische Erfolge wie Kaninchen aus dem Zylinder zog, hat über der verfahrenen Iran-Affäre seinen Zauber eingebüßt. Er wird ihn nie wieder voll zurückgewinnen — so sehr er auch seine ramponierte Autorität zu reparieren sucht, wie etwa durch das Bauernopfer des Sicherheitsberaters Poindexter... Jetzt steht Ronald Reagan da wie ein begossener Pudel... Zuviel steht auf dem Spiel, wenn der führende Mann des Westens flügellahm geworden ist... Jetzt droht die Gefahr, daß auch noch die Überbleibsel an Gemeinsamkeit im Gedränge der Falken zertreten werden... Wird derPräsident, der ohnehin seinen Falken gern Leine ließ, das Kaninchen an die Kandare nehmen und dem Pudel Flügel machen?

*

Der Genosse Ehmke hat einen Verbrecher entlarvt:

Kohl macht Politik gegen das eigene Volk!

Gegen andere Völker — das hätte ihm der Sprecher des demokratischen Sozialismus nachgesehen.

*

Glotz

schreibt alles auf, aber er läßt es auch drucken:

Zwar ist Kohl keineswegs tolpatschig, wie einige Linke meinen; eher berechnend und machtbewußt. Aber er zieht durch die Außenpolitik wie ein Elefant durch ein Porzellanlager.

Der berechnende Elefant also

organisiert die Republik für die Privilegierten; die Schwächeren sollen sehen, wo sie bleiben. Wir können nicht verhindern, muß ich denken, daß in der Wirtschaft zweihundert Herren in Maßanzügen das Sagen haben; aber wir sollten alles daransetzen zu verhindern, daß sie auch noch die Politik bestimmen.

Das Engagement des Konfektionsgeschäftsführers zugunsten der »Schwächeren«, zu denen sozialdemokratische Politik die Arbeiterklasse gemacht hat, in allen Ehren. Aber ist zur Bezeichnung einer Tätigkeit, die eine hundertjährige Realität als dräuende Zukunft malt, das Wort denken nicht ein wenig hoch gegriffen?

*

Also, wie ist das mit den Franzosen, Herr Cohn-Bendit?

In der Bundesrepublik hat es eine Kontinuität von Bewegung und Auseinandersetzung gegeben, die in Frankreich nicht lief. Auf der anderen Seite sind die Brüche, die stattfinden, strukturell ähnlich. Der Bruch, den die französischen Studenten gemacht haben, äußert sich daran, daß es jetzt eine neue Generation gibt...

Ach, so ist das, und ich hatte geglaubt, daß französische Studenten, die einen Bruch machten, zur Vermeidung von Auseinandersetzungen in kontinuierlicher Bewegung ähnlich liefen wie die Strukturen. Wie man sich irren kann.

*

Im »Spiegel«, den es jetzt schon vierzig Jahre gibt, erzählen Rudi Baba und die hundertvierzig Redakteure ein weiteres Märchen aus Zweitausendundeinem Montagmorgen:

So bleibt am Ende des Prozesses, von dem vielleicht die deutsch-syrischen diplomatischen Beziehungen abhängen, manches ungereimt — wie bei Terror üblich, rätselhafter Orient.

Das kommt davon, daß sie nicht Karl Marx lesen. Er hat in seinem Werk »Von Bagdad nach Stambul« alle orientalischen Rätsel gelöst.

*

Wegen Unpäßlichkeit des Chefs vom Dienst findet die Revolution in einer Bildunterschrift der »Frankfurter Allgemeinen« statt:

»Die Orgie« und »Im Schützengraben« nannte Rivera die beiden Wandbilder aus dem großen Zyklus über die Revolution im zweiten Stock des Erziehungsministeriums in Mexiko-Stadt.

Wer malt ihr die Bilder über die Revolution im Erziehungsministerium von Nordrhein-Westfalen? Irgendwer muß ihr doch über die Nöte dieser Wochen hinweghelfen. Um nur eine zu nennen:

Für das Schweizer Chemie-Unternehmen Sandoz kommt in diesen Wochen viel zusammen: die Hundertjahrfeier der Firmengründung, eine Umweltkatastrophe — und eine Unsicherheit, wie der Name des Firmengründers Sandoz sich eigentlich ausspreche. Es gibt da eine Skala von Möglichkeiten: sie reicht von der »spanischen Version«... bis zu einer Variante, die das a nasaliert und den Namen mit einem geschürztlippig offenen O ausklingen läßt.

Etwa so wie Italiener, wenn sie sagen wollen, daß Frankfurter, die von rhein garnix wissen, im allgemeinen den culo offen haben.

*

Den Martin Walser gibt's jetzt so:

Daß Nietzsches Grab in Röcken nicht so aufgemöbelt ist, finde ich schön. Das entspricht dem, wie Nietzsche zu seinen Lebzeiten behandelt worden ist. Für mich ist Deutschland vor allem Thüringen und Sachsen. Daß uns jetzt eine Grenze davon trennt, verbindet sich für mich mit Nietzsche. Er ist der Höchstzustand der deutschen Sprache — und nach heutigen Begriffen ein Ausländer. Das ist irre, es muß jedem Trottel auffallen, daß das nicht sein kann. Dieses Grab ist für mich ein Inbegriff von Deutschland.

Das entspricht dem, wie, und verbindet sich für mich mit dem, daß im Inbegriff nach heutigen Begriffen ein Höchstzustand ruht. An Martin Walser aber erfährt die alte Erkenntnis, daß deutsch zu wollen und deutsch zu können zwei Paar Knobelbecher sind, die furchtbare Erweiterung, daß je mehr wollen desto weniger können und ein Dichter, wenn ihm Deutschland über alles geht, nicht dichtet, sondern etsch macht und bellt.

*

Rudolf Augstein wurde gefragt, wie lange er noch Herausgeber des »Spiegel« bleiben wolle:

Der große Uhrmacher im Himmel hat alles zu sagen, und wir können ihm da nicht hereinreden.

Herein? Nicht hinein? Und wer wird später einmal die Nummer eins in Ihrem Verlag sein?

Das muß der große Uhrmacher entscheiden.

Den Himmel hat er diesmal weggelassen, denn der große Uhrmacher, der das entscheiden wird, ist der HErr Inserent von Seiko und Tissot, der die Unruhe bezahlt, welche die Redakteure verbreiten dürfen. Er läßt sich da nicht hereinreden.

*

Dichtung und Wahrheit

Wie ich einmal furchtbar auf die Folter gespannt wurde:

Während eines turbulenten Maiumzuges wird Karel Moises 1916 geboren. Er wächst im Milieu der Arbeiterbewegung auf und lernt so durch seinen Lehrer Peter Fontein das »System der Menschheitssprache Republica« kennen. Ende der dreißiger Jahre ist Karel aktiv im Esperantozirkel seiner Heimatstadt und verlobt sich mit der Elsässer Weltbürgerin Thérèse Schieder. Er ist Sozialist, im Gegensatz zu seinem Bruder, der sich den holländischen Nationalsozialisten anschließt. Im April 1943, nach dem Anschlag auf den deutschen Stadtkommandanten, wird Karel verhaftet, deportiert und ist bei Kriegsende im KZ Bergen-Belsen.

Spannend! Und wie geht's weiter?

Im zweiten Teil des Buches erscheint Karel 1946 in Bostel, Niedersachsen, wo er Thérèse wiederfindet, aber nicht heiratet. Er richtet sich ein in den Verhältnissen und wird Lebensgefährte von Marie, der Mutter des Ich-Erzählers, die umsichtig das Überleben einer anwachsenden Familie organisiert. Und während Karel glaubt, ein kleines beständiges Glück aufbauen zu können, ereilt ihn das Unglück bei der Verfolgung seines großen Zieles: der Einrichtung eines internationalen Esperanto-Zentrums. Der Geschäftsführer des Projekts veruntreut Spendengelder, wird als DDR-Agent entlarvt und läßt Karel unter dem Verdacht der Komplizenschaft und der Spionage zurück.

Aha. Aber wozu der Maiumzug, der Moises, die Thérèse mit zwei accents, der Lehrer Fontein (Fontane?), der Stadtkommandant, die Verhältnisse, Marie, Bostel in Niedersachsen, die Überlebensorganisation, das kleine Glück, Geschäftsführer, Spendengelder, der DDR-Agent und diese aufregenden Sachen? Der Verlag, der »Johano Strassers ersten Roman« als »den Schwerpunkt des literarischen Frühjahrsprogramms« ankündigt, läßt nichts offen:

Der persönliche Zusammenbruch verweist auch auf den Zusammenbruch der Ideen von Aufklärung und Vernunft. Sie können dem Weltgeschehen wie dem individuellen Leben offenbar keinen höheren vorwärtstreibenden Sinn mehr geben.

Der Autor, Johano Strasser, ist Professor für Systematische Pädagogik sowie Mitglied der »Grundwertekommission der SPD«, deren »Vorwärts« dem Weltgeschehen wie dem individuellen Leben zwar auch keinen höheren treibenden Sinn mehr geben kann, aber dafür auch nicht behauptet, Schwerpunkt des literarischen Frühjahrsprogramms zu sein, weil er Epplèr und Apél schreibt und den Ich-Erzähler Johano Rau, der sich gerade ein beständiges kleines Glück aufbauen will, bei der Verfolgung seines großen Zieles vom Unglück ereilen läßt. Ja, mach nur ein Programm, sei nur ein großes Licht; dann schreib einen Roman, gehn tun sie beide nicht.

*

Die »Frankfurter Allgemeine« deutet den Aktionären die Zukunft:

Mit der Wachstumsprojektion des Jahreswirtschaftsberichts dürfte die Bundesregierung wohl im einigermaßen gesicherten Bereich des heute erkennbaren Schätzbereiches liegen.

Die Wachstumsprojektion liegt also nicht im Schätzungsbereich, und zwar weder im erkennbaren noch im heute erkennbaren, nicht im Bereich des heute erkennbaren Schätzungsbereichs und schon gar nicht im gesicherten Bereich des heute erkennbaren Schätzungsbereichs, sondern sie dürfte bloß im einigermaßen gesicherten Bereich des heute erkennbaren Schätzungsbereichs liegen, aber auch dies dürfte sie nur »wohl«. Der Kommentator ist, kurz gesagt, der Ansicht, daß die Leser des Wirtschaftsteils sich mit dem Jahreswirtschaftsbericht der Bundesregierung den Arsch wischen sollen. Aber wie ist das gesagt!

*

Theo II.

Zu Weihnachten gibt's das Tedeum, zu Silvester gibt's den Theodumm:

Wenn die Welt in den Angeln knarrt/Ein Rückblick auf das Scharnierjahr 1986/Von Theo Sommer

Und weil's mir sonst keiner glaubt, erkläre ich an Eides Statt, daß der erste Absatz des Leitartikels wörtlich und ungekürzt so lautete:

In manchen Jahren dreht sich die Weltgeschichte vernehmlich knarrend in den Angeln. Der Lauf der Dinge nimmt in derlei Scharnierjahren eine andere Richtung. Türen schlagen zu oder öffnen sich, Neues bahnt sich an. Die Zeitgenossen werden des Umschwungs oft gar nicht gewahr; im Wirbel der Flüchtigkeiten entgeht ihnen das Eigentliche.

Aber unversehens hat sich im Vergangenen Kommendes angemeldet. Aus dem Wust des Geschehens entfaltet sich Geschichte,

wie der Handkäs aus dem zerknitterten Frühstückspapier. Hört das denn niemals auf?

*

Wie »das Abenteuer Theater« funktioniert, das der Zadek anrichtet, enthüllt seine »Regie-Mitarbeiterin« Corinna Brocher:

Proben heißt, eine Atmosphäre entstehen zu lassen, in der sich Phantasie ausprobiert... Wir versuchen einen Rhythmus zu finden, in dem die »Neubauten« in die Szene einbrechen können, so daß nur Bewegung möglich ist, und sich dann wieder zurücknehmen und als Spannungsuntergrund für die Szenen der Schauspieler spürbar werden.

Objekt dieser schweißtreibenden Bemühungen ist diesmal bloß ein Musical von Driest und Raben, wo es wirklich eingebrochen wie zurückgenommen ist, ob Phantasie sich in einer Atmosphäre ausprobieren muß oder ein Rhythmus den Einbruch in die Szene wg. Bewegung und Spannungsuntergrund ermöglicht. Aber täusche sich keiner: Das macht der auch mit Shakespeare.

*

In seiner Dankesrede bei der Verleihung des Dr. phil. h.c. durch den Fachbereich Design-Kunst-Musik-Druck der Bergischen Universität Wuppertal sprach Rudolf Augstein den dem Ereignis angemessenen Satz:

Stalin und Hitler brauchten keinen Joseph Goebbels.

Der eine nicht, weil in Workuta kein Platz mehr war, und der andere nicht, weil er schon einen hatte. Was dieser noch gebraucht hätte, wäre ein Dr. phil. honoris causa für Design oder Nichtsein.

*

Die »Frankfurter Allgemeine«, die einst zu prüde war zu verraten, wo die kleinen Maetzkes herkommen, klärt jetzt auf:

Vieles liegt bei der neuen rätselhaften Krankheit im dunklen, nur eines hat die Diskussion über Aids ans Tageslicht gebracht: das Kondom, auch Präservativ genannt. Das Kondom ist in aller Munde. Selbst katholische Bischöfe scheuen sich nicht...

Pfui, Ratzinger!

*

Ein Nobelpreis will gut vorbereitet werden, zur Not auch mit einer Kleinanzeige in der »Zeit«:

Pommern
Ich suche Autobiographien, sowie Erlebnisberichte und Tagebücher von Flucht und Vertreibung
Walter Kempowski, Nartum

Dichter sucht Erinnerungen, weil er Flucht und Vertreibung nicht vergessen kann, und der Verlag darauf schon Vorschüsse bezahlt hat bis ins Jahr 2000 post Christum nartum.

*

Die »Frankfurter Allgemeine« kommt von der Seuche nicht los:

Grüne Gummihandschuhe, weißer Mundschutz; kein Händedruck und kein Gespräch: Großer Aufwand für ein kleines Loch...

Nein, halt, alles zurück! Diesmal geht's nur um den »Traumberuf Zahnarzt«. Oder doch nicht?

... für ein kleines Loch im Zahn. So mancher Zahnarzt geht heute auf Distanz, vermeidet peinlich jeden direkten Kontakt mit seinem Patienten. Seit dem Auftreten von Aids

ist das Kondom auch in aller Patienten Munde.

*

Heiteres Beruferaten

Machen Sie eine typische Handbewegung! Bitte:

Die hessischen Sozialdemokraten sind wirklich nicht zu beneiden. Einst wollten sie die Grünen integrieren, um deren Wähler besser domestizieren zu können — und nun stehen sie vor einem Scherbenhaufen.

Annette? Gehe ich recht in der Annahme, daß Sie ein domestizierender Integrationsglaser sind? Nein. Fünf Mark ins Schweinderl. Jetzt geben wir aber eine Hilfestellung:

Nach dem Verlust der Glaubwürdigkeit nach rechts durch das Zustandekommen einer Koalition mit den Grünen — trotz gegenteiliger Aussage — im hessischen Wahlkampf droht ihnen nun der politische GAU.

Guido? Kommen Menschen zu Ihnen, denen das Frühstücksgeschirr in die Brennkammer gefallen ist? Nein. Ich helf euch: Er hat »Glaubwürdigkeit« gesagt. Können wir die Handbewegung nochmal sehn? Klar:

Vierzehn Monate versuchten die Koalitionsstrategen, das von ihnen produzierte Chaos als politische Strategie zu verkaufen. Bauernschläue und Formelkompromisse sollten ein genuines sozialdemokratisches Dilemma kaschieren: Parteitagsbeschlüsse, die gesellschaftliche Sprengkraft beinhalten, so zu verkleiden, daß die Auswirkungen möglichst unbemerkt von der Öffentlichkeit wegretuschiert werden.

Hans? Sie sprechen vom Beinhalten, von Sprengkraft und Atomkraft — sind Sie Nuklearmasseur? Ich glaube, da müssen wir nein sagen, gell. Marianne? Wenn Sie mit Verkleidung wegretuschieren, was Sie kaschieren wollen, damit Sie den Menschen, die zu Ihnen kommen, das Chaos aus Bauernschläue, Formelkompromissen und genuinem Dilemma als Strategie verkaufen können, müssen Sie ein Journalist sein. Nein. Das ist das letzte Fünferl — das Schweinderl ist voll. Fast habts ihrs erraten. Er ist ein Arschloch. Also jetzt erzählns uns mal, wo Sie das gelernt haben, Herr Cohn-Bendit.

*

Theo III.

An niemanden haben die amerikanischen Umerzieher einst größere pädagogische Bemühungen gewendet als an die Schüler der nationalsozialistischen Eliteanstalten, und so durfte auch Theo, Eleve der Napola von Sonthofen, zur Entwöhnung vom Führerglauben hundertmal schreiben:

Man muß die Amerikaner bewundern. Auch wir.

Das muß er so gut gemacht haben, daß der Officer ihm einen Chewing gum schenkte und ihn hinfort Teddy rief. Aus dem kleinen Teddy wurde ein großer Ted, und wenn er mit diesem Namen auch nicht vors Publikum trat, so bewahrte er ihn doch in jenem Herzen, das noch heute hüpft, wenn ein GI naht:

Man muß die Amerikaner bewundern. Auf gnadenlose Weise legen sie die eigene Seele bloß, wann immer es um die Grundsätze ihrer 200 Jahre alten Verfassung geht... Dadurch, daß sie Missetäter an den Pranger stellen, und seien es amtierende Präsidenten, stellen sie die Lebendigkeit ihrer Demokratie unter Beweis. Von ihrem Verfassungspatriotismus können sich viele andere Völker eine Scheibe abschneiden. Wir auch.

Andere: Vietnamesen, Chilenen, Libyer und sogar die Einwohner des Inselchens Grenada, haben sich manch' dicke Scheibe Verfassungspatriotismus abgeschnitten respektive auf gnadenlose Weise abschneiden lassen, auch wenn es ihnen nicht immer gelang, damit die Lebendigkeit ihrer Demokratie unter Beweis zu stellen. Allende beispielsweise, obwohl doch amtierender Präsident und damit zum Kronzeugen Theos geradezu prädestiniert, erwies sich in dieser Beziehung als ausgesprochener Versager. Das trägt ihm Teddy bis heute nach.

*

Die Illustrierte »Stern« hat »prominente Künstler« gefragt, was sie von dem Verlangen der CSU hielten, bei den Goethe-Instituten einen Kurswechsel herbeizuführen. Das war aber einmal eine pfiffige Idee! Herr Härtling etwa drohte Deutschland und dem Rest der Welt sowie der Lufthansa:

Bei einem Kurswechsel würde ich nicht mehr für die Goethe-Institute reisen.

Dezenter, weil auf Auslandsspesen nicht in gleichem Umfang angewiesen, räusperte Herr Enzensberger:

Ich würde dann nicht mehr zur Verfügung stehen.

Herr Wenders, um nichts auf der Welt gewillt, die daraufhin zwischen Paris und Texas ausbrechende Verzweiflung zu lindern, meinte eiskalt:

Dann hätte ich kein Interesse mehr.

Herr Buch hielt eine solche Entwicklung für »eine mittlere Katastrophe«, also Tschernobyl geteilt durch zwei, die bei Frau Jonas sogleich eintrat:

Vielleicht müssen wir eines Tages unsere Kinder und Kindeskinder ins Ausland an diese Institute schicken, damit sie sich dort über kulturelle Bewegungen der jeweiligen deutschen Gegenwart informieren. Weil sie dies, in diesem unserem Lande, im Sinne einer immanenten und kritischen Kulturtheorie und -praxis nicht mehr können.

Im Sinne einer immanenten Sprachkritik hätte ich diese prominente deutsche Künstlerin theoretisch und praktisch für eine auf Konkursausfallgeld verwiesene Sozialarbeiterin gehalten, doch der »Stern« renommiert mit der Enthüllung, Frau Jonas sei »Vorsitzende des Berliner Verbandes der Schriftsteller«. Wenn das bloß nicht als eine Neuauflage der Hitler-Tagebücher endet!

*

Vom Raddatz I.

Er besucht einen Bildhauer:

Seine Arbeiten führen eine hochentwickelte Formensprache vor... Lehmbruck und Hrdlicka haben aber die figürliche Konfiguration nie verlassen... Ich sitze zwischen den vom Steinstaub überschlierten Ungetümen... Bei der ersten Bewegung sind Hose und Jacke übermehlt... Als ich mit den Knöcheln an einen mächtigen Marmor schlug, klang der wirklich. Grollte er gar?... Ich interveniere, lehne die »Spiegel«-Funktion ab, fordere zwar keine Antworten auf die Welt — aber ein utopisches Hinter-ihren-Horizont-Greifen... Der Bildhauer, allmählich sich zu einer Skulptur verschattend, steht bewegungslos.

Als er sich zwischen überschlierten konfigurierten Figurationen vom intervenierenden Träger einer übermehlten Hose unter dem Grollen des Marmors in hochentwickelter Formensprache zum Hinter-ihren-Horizont-Greifen gedrängt sah, hat ihn der Schlag getroffen.

*

Betriebsnudelauflauf

Der Redakteur Wieser hat im »Spiegel« den Dramatiker Botho Strauß niedergemacht. Daraufhin macht der Redakteur Iden in der »Frankfurter Rundschau« den Redakteur Wieser nieder:

Botho Strauß ist kein »leichter Autor«... Das muß den Widerstand aller Jetzt-und-Hier-Menschen hervorrufen, von denen Wieser sicher ein besonders überzeugter ist. Indes bewegen sich die Sprachfähigkeit und die Genauigkeit der Beobachtung von Strauß als Erzähler auf einem hohen Niveau, das, wie ebenso die Qualität seiner Reflexion, dem Kritiker einige Anstrengung und Sorgfalt abverlangt. Vor diesem Anspruch hat der »Spiegel«-Schreiber sich auf eine Verunglimpfung zurückgezogen, der Skrupel und Bedenken ganz fremd sind. Nur Verachtung ist hier noch am Werk, offenbar genährt aus der Erfahrung eigenen Nicht-Genügens, besser: eigenen Unverstands.

Wem doch die Erfahrung eigenen Unverstands die Verachtung nähren könnte, wie ebenso der Rückzug vom Anspruch auf die Verunglimpfung oder die Sorgfalt, die Genauigkeit der Beobachtung von Strauß als Erzähler auf einem hohen Niveau abverlangt. Das ist die Sprachgewalt der Literaturkritik: Neandertaler beim Gemetzel am Lynotronic Fotosatzcomputer. Jetzt fehlt noch, daß der Greiner von der »Zeit« den Iden niedermacht. Und dann fahren sie alle ans Meer.

*

Alternative I.

Ist es nicht schön, daß den Theos, den Augsteins und den anderen Grossisten jetzt täglich in der »Tageszeitung« gezeigt wird, daß es auch ganz anders geht? Wer von ihnen verfügte über die frische Frechheit, einen Leitartikel mit dem Satz zu beginnen:

In Hamburg sind die Würfel erwartungsgemäß gefallen.

und mit dem Gedanken zu beenden:

Ironie der Geschichte: sein Waterloo hatte der Bürgermeister bereits mit der Wahl vom 9. November.

Wer? Alle. (Außer Theo. Der hätte noch einen Laokoon draufgesetzt.)

*

Nicht einmal die »Frankfurter Allgemeine« ist mit allem einverstanden, was in der Nazizeit geschah. Manches lehnt sie heute fast rundherum ab:

Um so mehr fällt moralisch ins Gewicht, in welchem Maße bei der Arisierung und bei der Zwangsarbeit die Industriellen über das Unvermeidliche hinausgingen.

Sie mag und mag keine Übertreibungen.

*

Auf die Gefahr, wieder ein Schock Gutgesinnter vor den Kopf zu stoßen, muß doch gesagt werden, daß die Partei des Fortschritts auch Mitglieder zählt, die zum Reaktionär zu dumm waren. Zum Beweis schreibt der zur Sozialdemokratie inklinierende Johannes Mario Simmel anläßlich der Verfolgung und Ermordung des Moderators

Franz Alt durch dessen christlichen Parteifreund Willibald Hilf einen Brief:

Ich weiß genau, wie das letzte ganz große Unheil bei uns begann — durch Eingriffe in die Freiheit der Berichterstattung und in die der freien Meinungsäußerung.

Und wohin hat es geführt? Bis zum letzten ganz großen Unheil, an dessen Ende nichts weniger stand als die innere Emigration des Ernst Jünger. Darum: Wehret den Anfängen! Alt darf nicht Jünger werden!

*

An dem Satz von Egon Bahr:

Willy Brandt ist der erste Vorsitzende in der Geschichte der Sozialdemokratischen Partei Deutschlands, der in diesem Amt nicht stirbt.

stimmt etwas nicht. Nicht daß Brandt nicht der erste Vorsitzende der SPD wäre, der nicht in diesem Amt stirbt. Alle seine Vorgänger sind gestorben, als sie noch in diesem Amt waren. Der erste, der nicht in diesem Amt stirbt, stirbt, nachdem er das Amt abgegeben hat. Der erste, der in diesem Amt nicht stürbe, würde leben, solange er das Amt nicht abgibt. Bliebe er im Amt, wäre er so unsterblich wie die Sozialdemokratie selber.

*

Theo IV.

Auf die Frage, ob mein Leben einen Sinn gehabt habe, werde ich dereinst antworten:

An der »Alster-Tafel« des Hamburger Atlantic Hotels können sich gutsituierte Bürgerinnen und Bürger einmal im Monat mit einem prominenten Zeitgenossen zu einem »Diner mit Kunst und Kultur« nieder-

lassen. Am 1. April um 19.30 Uhr beispielsweise ist eine »Begegnung mit Dr. Theo Sommer«, seines Zeichens Chefredakteur der »Zeit«, terminiert. Das Rendezvous mit Cocktail, Diner, Tischwein und Kaffee kostet den Feinschmecker 125 DM.

Es gab eine Zeit, da hätte der »Spiegel« diese Meldung ignoriert oder, schlimmstenfalls, als »Personalie« gedruckt. Heute steht sie in der Rubrik »Hohlspiegel«, zwischen Stilblüten und direkt über der Nachricht: »Beim Kauf einer Deuther-Jeans, liebe Kunden, bedenkt, bekommt man ein Condom geschenkt.« Soweit hab' ichs denn doch gebracht.

*

Liebhaber ausgesuchter Schweinereien haben sich stets an die Männer der Medizin gehalten — nicht weil sie sich von ihnen die Heilung ihrer Sucht versprachen, sondern im Gegenteil. Und nichts geht ihnen über Ärzte, die nicht bei ihrem Leistenbruch bleiben, sondern höher hinauswollen und auch tatsächlich im Feuilleton der »Frankfurter Allgemeinen« unter der Spitzmarke »Literatur« auftauchen. Wie der Internist Franz Hermann Franken mit seinem Werk: »Die Krankheiten großer Komponisten«, Heinrichshofen Taschenbücher zur Musikwissenschaft, Band 104:

Der Freiburger Internist und Medizinhistoriker Franz Hermann Franken, der zugleich ein profunder Musikkenner ist, hat alle erreichbaren Bulletins — Briefe, Augenzeugen- und Obduktionsberichte, ärztliche Verlautbarungen — gewissenhaft zusammengetragen und neu gedeutet. Da der Autor zudem flüssig und auch für den Laien verständlich zu schreiben versteht, lassen sich die Fallbeispiele von Haydn (Cerebral- und Coronarsklerose, volkstümlich »Verkalkung«), Beethoven, (Leberschrumpfung und chronische Entzündung der Bauchspeicheldrüse durch lebenslangen Alkoholmißbrauch), Bellini (Amöbenruhr mit Le-

berabszeß), Mendelssohn (Schlaganfall durch wahrscheinlich angeborenes Hirnaneurysma, die sackartige Erweiterung einer Hirnarterie), Chopin (chronische Lungentuberkulose) und Schumann (manisch-depressives Leiden mit hirnorganischem, möglicherweise syphilitischem Zerfallsprozeß) geradezu spannend darstellen... Meist gelingen ihm darüber hinaus Um- und Neubewertungen (Haydn, Beethoven).

Vermutlich hätte Beethoven seine Wut über den verlorenen Groschen vergessen — über der Aussicht, welche Zeilenschinder er einst als Interessenten für seine entzündete Bauchspeicheldrüse gewinnen werde. Die Herausgeber der »Frankfurter Allgemeinen« aber seien gewarnt: Ihre Kommentare und Festreden, die bislang ganz laienhaft als Produkte reaktionärer Zerfallsprozesse und sackartig erweiterter Dummheit gewertet wurden, könnten einmal als Symptome von Alkoholmißbrauch und Cerebralsklerose um- und neugedeutet werden. Vielleicht bleibt mir ja der Sinn mancher Sätze von Reißmüller nur deshalb dunkel, weil ich mich nie mit hartem Schanker beschäftigt habe.

*

Ein Wirtschaftsminister will partout Mut machen:

Aufschwung nur kurz unterbrochen!

ruft er, weil er seine Wähler glauben machen will, es gehe gleich wieder aufwärts. Ein Blick auf den Turner am Reck belehrt, wo ein kurz unterbrochener Aufschwung endet: aufm Arsch. Doch auf den wird keiner so weich fallen wie der Bangemann.

*

Kohl ist wieder Kanzler, Möllemann heißt Bildungsminister, und wir haben gut lachen. Aber was macht, wer dazu angestellt ist, die Desaster bürgerlicher Demokratie als Siege des Wahren, Guten und nachgerade Schönen zu drapieren? Ein Redakteur der »Welt« wollte, es werde Nacht oder Courths-Mahler käme:

Eine helle Märzensonne schien durch die hohen Sprossenfenster des Alten Wasserwerks herein. Vater Rhein blinkte silbern dazu, und das Plenum schwatzte aufgekratzt wie eine Klasse vor dem Schulausflug.

Da naht auch schon die herzige Baroneß, die immer die Russen bezaubert:

Sechs Minuten vor der Zeit betrat Hannelore Kohl die überfüllte Besuchertribüne, schick, wie stets, in schwarzem Rock und grauer Bluse unter der schwarz-weiß gestreiften Jacke,

passend zur hellen Märzensonne und zum silbernen Vater Rhein, der aber auch weniger blinkt als stinkt. An anderer Stelle muß ein Kollege melden, daß der dazugehörige Göttergatte bei seiner Wahl nur 253 Stimmen bekam, obwohl 265 Abgeordnete der Koalitionsparteien im Saal waren. Aufgekratzt wie eine Klasse beim Vorschulausflug errechnet der Redakteur die Differenz:

Es wird angenommen, daß sich nicht alle anwesenden Abgeordneten von CDU/CSU und FDP für ihn entschieden haben.

Eine Hypothese — viel zu gewagt für einen Familienroman.

*

Vom Raddatz II.

Der Karl Kraus-Preis tut seine Wirkung. In der dem Betrieb in Treue fest verbundenen »Süddeutschen Zeitung« lese ich, daß zwar nicht der Kandidat, wohl aber das Feuilleton die Auszeichnung angenommen hat:

Der Zufall will es, daß gleichzeitig mit diesem (Faulkner-)Fragment eine weitere Erkundung dieser Mississippi-Landschaft erschienen ist. Fritz J. Raddatz hat sich auf die Spuren von William Faulkner begeben... Leider ist nichts dabei herausgekommen. Raddatz, zu sehr mit sich selber beschäftigt und nach wie vor viel zu schlampig in seinen Formulierungen, hat offenbar nichts gesehen und nichts gehört... Schade, nicht einmal drittklassig.

Besser kann es das Feuilleton nun einmal nicht sagen, aber dafür gibt's schließlich mich, wenn der Raddatz im »Zeit-Magazin« sein Gespür für Verkrochenheiten an die Beschreibung der Interieurs von Gastwirtschaften wenden darf. Warum, fragt er wieder, aber nicht: Warum vertarnt sich der Mensch?, sondern:

Warum geht man zu »Cölln«, warum liebt man »Cölln«?

Weil der Name aussieht, wie von ihm geschrieben, nämlich falsch?

Ob es das ist? Diese vollkommene Abwesenheit auch nur eines Hauchs von Schickimicki? Die altmodische Behäbigkeit, die — Pardon: Leserinnen bitte weglesen — herrlichen Jugendstil-Pinkelbecken?

Ob es das ist? Dieses vollkommene Glück, daß der Firmenzug auf den herrlichen Pissoirs gänzlich weggebleicht ist und ihm nicht den Hauch einer Chance ließ, den Vornamen des Jugendstil-Meisters Boch als Hieronymus zu identifizieren — statt als Villeroy.

*

Bernhard Vogel hat gesagt:

Der Sieg hat viele Sieger, aber die Niederlage hat nur wenige Sieger.

Mütter, Bernhard, Mütter!

*

Alternative II.

Es vergeht kein Monat, in dem nicht »Spiegel«, »Stern« oder »Zeit« einen der ungebärdigen Schreiber der »Tageszeitung« auf ihre Lohnliste berufen. Nur der Klaus Hartung bewirbt sich, einmal pro Woche, vergeblich. Und er gibt sich solche Mühe:

So bleibt denn die Gesamtberliner Laokoon-Gruppe aus Alliierten, Bürgermeistern, Bundespräsidenten und Staatsratsvorsitzenden erhalten, die starr die Status-Schlange weghalten. Ohnehin ist die Berliner Jubiläums-Besuchsdiplomatie zu einem Show-down zweier Fallensteller verkommen. Diepgen, der immer noch die Kuh spielt, die sich am eigenen Schwanz vom Eis ziehen will, kann sich nicht mehr hinter dem Honecker-Besuch verstecken.

Hat so nicht auch der Theo angefangen und es doch zu was gebracht? Warum ruft keiner den Hartung? Ich will nicht so sein und sag's ihm: Weil die Hamburger Verleger mit Leuten, die Status-Schlangen weghalten und als Fallensteller Show-downs mit Kuhschwänzen veranstalten, Seniorenheime füllen können und im Gegenteil ganz scharf sind auf jene kessen Jungs und Mädels, die so herrlich illegal-legasthenisch daherschreiben und denen die Sagen des klassischen Altertums Hekuba wären, wenn sie wüßten, was das schon wieder heißen soll. Darum bleiben der »Tageszeitung« gerade jene Redakteure erhalten, die dem Betrieb zu bieder erscheinen, nämlich der Klaus Hartung oder der Benedict Maria Mülder, der für seinen Namen nichts kann, aber dafür, daß er ihn gratia plena ausschreibt und unter solche fructibus mentis setzt:

Die »lobenden Biedenköpfe« haben es immer wieder geschafft, kaum ein Fettnäpfchen auszulassen, so daß oftmals selbst die Diskussionswilligen wie vor den Kopf geschlagen waren. Es fehlt an einer Strategie, ihre Politik auch innerhalb der Partei mehrheitsfähig zu machen. Den Betonierern spielten sie damit in die Hände. Also wird weiter auf Mit-

telmaß und Gottvertrauen des Kohl-Ablegers Worms gebaut und ein Ende der lästigen Debatten erhofft.

Kluge Erwägungen, die den Vorzügen der Gemeinderats-Berichte im Spiekerooger Dünenboten nicht nachstehen. Doch wie selten stirbt dort der Redakteur.

*

Der Vorsitzende des Jüdischen Weltkongresses hat gesagt: »Es wäre beinahe ein Verbrechen gegen die Menschlichkeit, wenn jemand etwas mit Waldheim als Person zu tun hat.« Nun könnten die Freunde des österreichischen Bundespräsidenten zwar einwenden, es sei soviel über die Taten ihres Helden doch noch nicht herausgekommen, daß man ihn darum weniger achten dürfe als jeden anderen Nazi, der sich nicht erinnern kann. Andererseits sollten sie dem Angeklagten Bronfman strafmildernd zugute halten, daß den Menschen, für die er spricht, von den Organisationen, denen Waldheim angehörte, nicht immer nur Gutes geschah, und deshalb eine gewisse Gereiztheit verständlich ist. Überdies hat Bronfman ja keineswegs verlangt, den Waldheim an die nächste Laterne zu knüpfen, sondern bloß, solchen Figuren einfach aus dem Weg zu gehen. Den Herausgeber der »Frankfurter Allgemeinen«, Johann Georg Reißmüller, kränkeln solche blassen Gedanken nicht an. Was der Vorsitzende des Jüdischen Weltkongresses gesagt habe, sei

ein schändlicher Satz. Etwas so Monströses war lange nicht mehr zu hören. Gegen Waldheim gibt es bisher keinen Beweis. Aber selbst wenn die Vorwürfe eines Tages bewiesen werden sollten — wie kann einer so sprechen, der nicht ein Beauftragter, zum Beispiel, des Stalinismus ist...? Wer diesen Satz nicht ungeheuerlich findet, der sollte in Zukunft schweigen, wenn es um Menschenrechte geht.

Ob nicht selbst dem Führer, der eine gewisse Subordination durchaus geschätzt haben soll, ein derartiger Reißmüller ein wenig peinlich gewesen wäre?

*

Der Spitzenkandidat der Hamburger FDP, Ingo von Münch, denkt immer nur an das Eine:

Zum Billigtarif sind wir nicht zu haben.

Ich hasse Andeutungen. Jeder Gebrauchtwursthändler ist verpflichtet, seine Ware auszuzeichnen. Wir wissen, was Lambsdorff gekostet hat und was der Völler kosten soll. Also, Münch, raus mit der Sprache! Vielleicht kann ich mir Sie ja leisten.

*

Alternative III.

Die »Tageszeitung« — Jeden Tag einen neuen Quatsch — hat schon wieder was entdeckt:

Das Zeitalter des Postfeminismus

Es wurde aber auch Zeit, daß die Briefträgerinnen sich weigern, oben ohne auszutragen.

*

Nach all dem Rätselraten, das die Jünger des Karl Marx über den Zustand der Konjunktur angestellt haben, tut es wohl, in der »Welt« die Analyse eines wirtschaftspolitischen Fachmanns zu lesen:

Sicher, Bundesbankpräsident Karl Otto Pöhl meint, das Winterloch wäre gestopft... Es war damit gerechnet worden, daß sich mit den ersten Sonnenstrahlen auch eine Belebung der Wirtschaft durchsetzen würde... Die winterliche Delle hat länger gedauert als erhofft. Möglicherweise kommt es wie im vergangenen Jahr auch nur zu einer deutlichen Belebung während der Sommermonate. Nach den Schwankungen der letzten Monate herrscht sehr viel Unsicherheit. Ob die Pferde schon wieder saufen...? Hoffen wir's.

Damit ist der zentrale Glaubenssatz von Marx: Wenn's donnert überm kahlen Wald, läßt es die Wachstumsrate kalt (MEW, Bd. XXIV, Seite 897), eindeutig widerlegt.

*

Eine Stellenanzeige aus dem »Börsenblatt«:

Wenn sich Siegfried Lenz am Telefon meldet, sollten Sie verbinden — bei Theodor Fontane eher bedenklich sein. Spaß beiseite: Die Arbeit einer Sekretärin des Ressorts Literatur und Literarisches Leben ist bei der Frankfurter Allgemeinen Zeitung ungleich interessanter als sonstwo auf Erden. Sie müßten nicht nur die büroüblichen Fingerfertigkeiten beherrschen (Stenografie und Maschinenschreiben) — Sie sollten auch Interesse für Literatur und entsprechende Kenntnisse haben. Richten Sie Ihre Bewerbung mit Angabe ihres Gehaltswunsches und des möglichen Antrittstermins an die Personalabteilung...

Warum nicht direkt an Reich-Ranicki, den erkennbaren Verfasser des Anzeigentextes? Sonstwo auf Erden erkennt man Liebhaber der Literatur nämlich daran, daß sie Fontane durchstellen und auflegen, wenn sich der Siegfried Lenz am Telefon meldet.

*

Theo V.

Was wäre der liberale Leitartikel in der Saure-Gurken-Zeit ohne das Gedenken an Jahrestage? Ein einziges Dr. Sommer-Loch:

Vierzig Jahre nach dem Marshall-Plan. Vier Jahrzehnte sind in der Geschichte ein ganzes Zeitalter. Vierzig Jahre nach dem Wiener Kongreß stand Europa an der Schwelle zum Krimkrieg; vierzig Jahre nach Bismarcks Reichsgründung glimmte schon die Lunte, die 1914 das Pulverfaß Europa zur Explosion brachte...

Vierzig Jahre danach geht es manchmal ganz anders zu als vierzig Jahre zuvor. Dieser Gedanke ist mit dem Prädikat »geschichtsphilosophisch« nur unzureichend gewürdigt. Er soll uns Heutigen eine Lehre sein:

Die Ordnung, die damals geschaffen wurde, hat in ihren Gründen noch immer Bestand.

Nach einem ganzen Zeitalter? Und es glimmte denn garnix? Aber hallo:

Inzwischen freilich haben sich die weltpolitischen Gewichte verschoben. Wir stecken mitten in einem historischen Themenwechsel. Die Partner und Widersacher jener Jahre haben innere Wandlungen durchgemacht, die auf eine säkulare Mutation hinauslaufen. Wie wird sich das Geflecht ihrer Beziehungen verändern? Was kann, was wird auf dem alten Fundament an neuen Strukturen entstehen?

Und nur der Dichter, der Gewichte zum Themenwechsel verschiebt und ihre säkulare Mutation im Geflecht ihrer Beziehungen als neue Strukturen auf altem Fundament hinauslaufen läßt, steht wie ein *rocher de bronze* im Tohuwabohu der Epochen, oder sagen wir: als *quargel d'olmütz.*

*

Als der Rektor der Universität Köln aus Furcht vor Schlägereien einem neofaschistischen Verein den Hörsaal gekündigt hat, meldet sich der Historiker Andreas Hillgruber zu Wort:

Das alles andere als glückliche Verhalten (des Rektors) ist nur ein Symptom für die Knochenaufweichung in unserer Gesellschaft.

Heil, Schickhillgruber!

*

Who is Who I.

Günter Ammon, Hans Apel, Rudi Arndt, Peter Bachér, Egon Bahr, Ulrich Beer, Horst Bingel, Rolf Bossi, Birgit Breuel, Christine Brückner, Horst Bull, Hans-Helmut Decker-Voigt, Franz-Josef Degenhardt, Walter Dirks, Otto Dressler, Fritz Eckhardt, Rainer Erler, Josef Ertl, Katharina Focke, Frederike Frei, Hermann Glaser, Reinhard Gnauck, Heide Grundmann-Schmid, Gertrud Gumlich, Otto von Habsburg, Peter Härtling, Otto Herbert Hajek, Bruno Hampel, Rudolf Hauck, Karl Hauenschild, Bruno Heck, Heinz E. Hirscher, Rainer Holbe, Antje Huber, Heinz Werner Hübner, Helmut Kentler, Hans Hellmut Kirst, Helmut Kohl, Dieter Lattmann, Hanna-Renate Laurien, Rupert Lay, Thomas Lenk, Lore Lorentz, Alfred Mechtersheimer, Erich Mende, Reinhard Mey, Horst Meyer, Herbert Mies, Adolf Muschg, Tom Mutters, Jusuf Naoum, Rupert Neudeck, Christa Nickels, Günter Nollau, Günter Noris, Peggy Parnass, Horst Petri, Käte Raiß, Klaus Riebschläger, Helmut Rohde, Philip Rosenthal, Erika Runge, Botho Prinz zu Sayn-Wittgenstein-Hohenstein, Uve Schmidt, Klaus F. Schmidt-Macon, Petra Schürmann-Freund, Christian Schwarz-Schilling, Eckart Spoo, Josef Stingl, Dieter Stolte, Franz Josef Strauß, Richard Stücklen, Carmen Thomas, Trude Unruh, Harry Valerien, Marie Veit, Friedrich Vogel, Antje Vollmer, Wolfgang Weyrauch, Heidemarie Wieczorek-Zeul.

Was ist das? Hat Colgate die Häupter ihrer lieben Fluor-S-Kunden gezählt? Stellt die RAF ein neues Programm zusammen? Ist's eine Bekennerliste: Ja, auch ich leide unter Fußpilz? Knapp daneben: Die »Arbeitsstelle der Evangelischen Kirche in Hessen und Nassau« hatte gebeten, für ein Buch zum evangelischen Kirchentag eine »Begegnung« zu schildern, die »in schwierigen Phasen der Identitätssuche Anstöße gab, half Sinnfragen zu beantworten«. Die Arbeitsstelle wollte wissen, was diese Begegnung »bei Ihnen auslöste, bewirkte, veränderte«. Und alle, alle schilderten. Ich muß gestehen, daß die Begegnung mit dieser Liste in einer schwierigen Phase der Identitätssuche mir einen kräftigen Anstoß gegeben und geholfen hat, die Sinnfrage im Sinne von Berlichingen zu beantworten.

*

Alternative IV.

Ein Politiker der Grünen hat sich das Leben genommen, der Parteivorstand schreibt den Nachruf:

Daß ein Mensch, mit dem wir so lange Zeit aktiv politisch verbunden waren, keinen anderen Ausweg sah, als diese Verzweiflungstat, macht uns ratlos und nachdenklich.

Seine Tat hat uns in den verzweiflungsvollen Zustand versetzt, in dem wir uns schon befanden.

*

Das andere Ei des Kolumbus

Die Entdeckung Amerikas durch den Schriftsteller Horst Krüger trägt den Titel »Spiegelung der großen Weite«, aber es stellt sich bald heraus, daß hier weniger ein Kolumbus als ein Gournemanz am Werk ist und es besser »Spiegeleier in aller Breite« geheißen hätte:

Ich sage Ihnen: Wenn Sie nur zehn Tage die amerikanische Küche genossen haben, werden Sie, dankbar rührend, am eigenen Herd vor einer Linsensuppe mit Bockwurst stehen. Das Essen drüben ist grauenvoll. Man kann's nicht beschreiben.

Was aber macht Krüger, der Unglückswurm? Er geht hin und beschreibt's:

Es sind ja nicht nur diese Hamburgers und Cheeseburgers, diese Sandwichkultur der Angelsachsen, sozusagen die ganze Welt zwischen zwei Brotscheiben zu klemmen. Wir haben in Houston im feinsten Restaurant ein Steak gegessen: Prime Rib, versteht sich, The Proud of Texas, immerhin 18 Dollar. Der Stolz von Texas schmeckte miserabel. Die Amerikaner können schon rohes Fleisch einfach nicht sachgerecht schneiden.

Versteht sich, sozusagen immerhin schon. Deshalb empfiehlt der Schriftsteller, der beschreibt, was er nicht beschreiben kann, selbst zu kochen, was man nicht essen kann:

Nehmen Sie statt Wurst immer Corned beef. Damit, mit Zwiebeln, ein paar Kartoffeln und Eiern, läßt sich jenes Hash brutzeln, das hierzulande als essenswert zu verbuchen ist.

Es wird gewiß leichter zu verbuchen als zu schlucken sein, denn es dürfte so schmecken, wie sich ein Krüger liest.

Der US-Käse zum Beispiel, ist eßbar. Die Milch, tiefgekühlt, ist vorzüglich.

Warum enthält uns der Dichter des gebrutzelten Hash, der Prime Rib und des Proud of Texas den Namen vor, den die Eingeborenen ihrer tiefgekühlten Milch gegeben haben? Icecream nennen sie das.

*

Venceremos

Wen es doch noch gibt! Der von mir vor Jahren beigesetzte Gaston Salvatore klappert mächtig mit dem Sargdeckel:

D. war einmal so etwas wie ein Held. Aber die Menschen pflegen es Helden in der Regel übelzunehmen, wenn sie weder siegen noch sterben. Sie sollen wenigstens bei der Sache bleiben. Keinesfalls dürfen sie versuchen, sich ins normale Leben einzugliedern, und noch weniger dürfen sie dabei Erfolg haben. Doch auch die allgemeine Feindseligkeit wäre erträglich, wenn man nicht selber anfangen würde, den Feinden recht zu geben. Es ist schwer, den eigenen vergangenen und dabei verklärten Ruhm nicht zu vermissen... D. ist erfolgreich, aber er sitzt zwischen allen Stühlen.

Nicht *aber*, armer Alter, sondern *weil*. Der D. jedoch ist nicht, wie S. behauptet, der Régis Debray, sondern der Salvatore, während die Menschen, man und die allgemeine Feindseligkeit ich bin: Ich pflege es übel zu nehmen, wenn Maulhelden sich ins normale Leben eingliedern und anfangen, mir in der »Frankfurter Allgemeinen«, auf dem Gang zwischen allen Stühlen, selbstquälerisch recht zu geben. So — und jetzt bleibt der Deckel zu.

*

Je oller, je doller:

Die Ungewißheit der »offenen« deutschen Frage hat zur niedrigsten Geburtenrate der Welt geführt.

So stellt sich der alte Nazi Peter Hofstätter seine Landsleute vor: Wenn sie an Deutschland in der Nacht denken, können sie nicht beischlafen.

*

Nicht ganz gelungen ist dem Leitartikler Peter Jochen Winters sein Schlußsatz:

Es kommt darauf an, trotz gegensätzlicher Auffassungen in grundsätzlichen Fragen weitere Schritte zu sachlicher Zusammenarbeit einzuleiten und das innerdeutsche Klima zu entkrampfen.

Es kommt im Gegenteil darauf an, die Entkrampfung weiterer Schritte zu vertiefen und die Einleitung des Klimas auszubauen. Soviel aus der »Frankfurter Allgemeinen«. Und wem ist dies gelungen?:

Zum historischen Ereignis läßt sich der Besuch nicht hochstilisieren. Auch wenn es die erste Visite ist, fällt es schwer, mehr als eine symbolische Bedeutung darin zu sehen. Ein Umweltschutzabkommen wird unterzeichnet, aber welche neue Perspektive für die deutsch-deutschen Beziehungen eröffnet dieses Treffen? Brandts Besuch in Erfurt 1970 führte zum Grundlagenvertrag zwischen den beiden deutschen Staaten. Ein wichtiger Meilenstein in der Entspannungspolitik. Seitdem ist viel Vertragswerk zustandegekommen. Können jetzt auch Kohl und Honecker eine neue Ära einleiten? Der Besuch jetzt kommt zwar in einer historischen Situation des Umbruchs, aber es fehlen politische Konzepte für einen qualitativen Sprung in den Beziehungen der beiden deutschen Staaten. Denn noch ist nicht absehbar, ob und wie sich Perestroika und Glasnost auf das deutsch-deutsche Verhältnis auswirken werden...

Dem »Trierer Volksfreund«? Dagegen spricht die freundliche Erwähnung Brandts. Und beim »Schwarzwälder Boten« schreiben sie besser. Es war auch nicht Peter Jochen Winters in der »FAZ«, sondern ein Max Thomas Mehr in der »TAZ«, betreffend die historische Situation eines alternativen Redakteurs auf dem qualitativen Sprung in den Umbruch.

*

Alternative V.

Der grüne Bundestagsabgeordnete Peter Sellin will etwas sagen:

Die Erkenntnis, daß das pure fundamentale Politikverständnis in eine kräftige Wahlniederlage führt, wenn nicht die gestalten wollende Politikoption der Mitübernahme von Regierungsmacht angestrebt wird, hat dazu geführt,

daß der Peter Sellin den verständlichen Wunsch, Senatsdirektor zu werden, nicht äußern kann, ohne dem puren fundamentalen Verständnis das Anstreben einer gestalten wollenden Option der Mitübernahme von Macht zur Vermeidung einer kräftigen Niederlage anzuraten.

*

In einer Talkshow des Zweiten Deutschen Fernsehens treten auf:

Herbert Riehl-Heyse, Charlotte Kerr-Dürrenmatt, Astrid Meyer-Gosslar und Beatrix Schnippenkoetter.

Ein Druckfehler. Es mußte Beatrix Schnippen-Koetter heißen.

*

Was die Redakteurin Ariane Barth da im »Spiegel« versucht:

Wer zum ersten Mal einem Aids-Kranken gegenübersteht, der hat normalerweise starke Berührungsangst

das geht nicht. Berührungsangst ist, wenn ein sozialdemokratischer Gemeinderat gegen einen Antrag auf Minderung der Hundesteuer für Spätaussiedler stimmt, weil ein Kommunist auch dafür ist.

*

Meinungsvielfalt

Warum muß, wer auch nichts zu sagen hat, es partout anders sagen als die anderen? Warum gibt es die »Frankfurter Allgemeine« *und* die »Welt«, warum den Fromme *und* den Gillies? Natürlich wegen der Meinungsverschiedenheiten, die sie immerfort untereinander austragen müssen. Wenn etwa Geißler der CDU eine neue Taktik empfiehlt, meint Fromme:

Auch kluge Leute wie der Generalsekretär Geißler unterliegen der berufsbedingten Vorstellung, man könne die Wählerströme generalstabsmäßig lenken.

Gillies meint ganz anders:

Wichtiger als schlaumeierische Wählerstromanalysen sind einige ganz altmodische Methoden... Der Wähler geht nach der Kompetenzvermutung.

Das ist Frommes Meinung überhaupt nicht:

Es geht um den Wunsch der Bevölkerung, die Politik in kompetente Hände legen zu können. Es geht um Vertrauen.

Gar nicht meine Meinung, meint Gillies, im Gegenteil:

Der Wähler möchte vertrauen.

Jetzt aber meint Fromme:

Parteipolitiker haben ein mechanistisches Bild vom Verhalten der Wähler.

Doch wieder nimmt sich Gillies die Freiheit des Andersmeinenden:

Dieses Strickmuster stimmt aller Erfahrung nach nicht, es ist zu mechanistisch.

Geißler, meint Gillies, meine wohl,

das übrige Fußvolk wählt uns ohnehin.

Da bleibt dem Fromme gar nichts anderes übrig, als beider Meinung seine Meinung entgegenzumeinen:

Die etwas zynische Antwort ist, diese Leute hätten ja doch keine andere Wahl.

Und so schleppt sich der Kampf der Meinungsführer fort, von Wort zu Wort, von Satz zu Satz, von Tag zu Tag, denn Demokratie ist machbar, Herr Nachbar.

*

Es geschah aber zu der Zeit, da Kohl Bundeskanzler der Bundesrepublik war, daß ein Aufruf der Jungen Union erging, der Kanzler möge »ein klares Wort« sprechen, und der »FAZ«-Herausgeber Fritz Ullrich Fack das Gebot erließ:

Dieses Durcheinander erfordert eine ordnende Hand und ein Wort des Kanzlers.

Da machte sich auch auf Kuno Kruse von der »Tageszeitung«, aus der Stadt Diepgens, und er war schwanger:

Der Kanzler rührt sich nicht. Gegenüber der FDP blamiert sich Kohl endgültig als entscheidungsschwacher Minderheitenkanzler. Die Profillosigkeit des Kanzlers wird überdeutlich.

So waren sie sich denn einig, wen sie brauchten: einen aktiven, profilierten, ordnenden, entscheidungsstarken Mehrheitskanzler Kohl. Wenn sie sich jetzt zu einer Interessengemeinschaft zusammenschlössen, die Junge Union, Fritz Ullrich und der Kruse, wüßte ich einen schönen Vereinsnamen: Kuno-Fack-JU.

*

Wenn ich »FAZ«-Redakteur wäre und Günther Nonnenmacher hieße, würde ich mir einerseits Namenswitze aller Art verbitten, andererseits jedoch darauf achten, daß ich keine provoziere. Er aber, der so heißt, muß auf Teufel komm raus die Konkurrenz madig machen:

Im Kampf gegen die »Satane« dieser Welt ist den islamischen Revolutionären jedes Mittel recht; in fanatischer Glaubensgewißheit nehmen sie für die Erreichung ihrer politischen Ziele auch Opfer von Menschenleben in Kauf.

Hat man Töne! Sowas ist in der zweitausendjährigen Geschichte unserer Nonnenmacher, die immer nur die andere Backe hingehalten haben, unerhört.

*

Theo VI.

Glaubenskrieg auch in Hamburg. Die »Morgenpost« warnt:

Es wäre fatal, Öl ins Feuer Chomeinis zu gießen.

In der »Zeit« dreht Ritter Theo den Spieß um:

Ein Mann gießt Feuer ins Öl.

Weil aber die Rauchwolken und der Gestank, die dabei entstehen, metaphorisch weiter nichts hergeben, galoppiert Theo ins Munitionsdepot:

Die Pulverfässer sind gefüllt, und überall stieben die Funken. Die Feuerpatsche der Vereinten Nationen hat bisher nichts bewirkt... Wo soviel Sprengstoff angehäuft ist, lohnt jede Anstrengung, eine glimmende Lunte

ans Krisenroulette zu legen usw., damit die sibyllinischen Nebelschwaden Leine ziehen und wir erfahren, was nun zuerst war: das Öl oder das Feuer, das blinde Huhn von der »Morgenpost« oder der Eierkopf des Kolumbus.

*

Die »Frankfurter Allgemeine« weiß, was Neger wünschen:

Ein Mercedes ist der Traum jedes Afrikaners

Deshalb unterstützt die Redaktion den Savimbi und seine Befreiungsbewegung, die UNIMOG.

*

Die Beilagen der »FAZ« und der »ZEIT«, die von den Verlegern erdacht wurden, um an die Knete der Vierfarb-Inserenten heranzukommen, heißen in beiden Fällen »Magazin« und heben sich durch ihre auffällige Zweckbestimmung vorteilhaft von ihren der Grundrechtsverwirklichung nach Artikel 5 geweihten Mutterblättern ab. In beiden findet sich allerhand heiterer Schnickschnack, beide habe sich auch je einen Kolumnisten verpflichtet, der kulinarische Ansprüche zu befriedigen weiß: das »Zeit-Magazin« den Siebeck, das »FAZ-Magazin« den Johannes Gross. Beide sind genießbar, solange sie mit frischem Gemüse und frischen Reiseerlebnissen arbeiten, deutsche Männer vor der großen Welt und deutsche Frauen vor der guten Küche blamieren. Leider neigen beide dazu, außerhalb der Garten- und Spesensaison ins Philosophische auszuweichen, was bei Siebeck schmeckt wie Eier vom Grill und bei Gross aussieht wie — aber bitte:

Der Kapitalismus hat eine Weltwirtschaft hervorgebracht, die besser funktioniert als jede andere Wirtschaftsform, unendlich kompliziert ist und doch von keiner zentralen Intelligenz, von keiner planenden Macht gesteuert wird. Millionen einzelner Entscheidungen von Konsumenten und Produzenten erzeugen absichtlos auf höchst kunstvolle Weise ein sinnvolles Ganzes. Ein negativer Gottesbeweis, so zwingend wie die positiven aus der Philosophiegeschichte. Kein Wunder, daß der

Kapitalismus bei den Priestern aller Religionen und Ideologien, Sinnsuchern und Sinndeutern keine gute Presse hat.

Green beret und Koppelschloß zum Talar? Das ist ja wie Elbsegler zum Frack. So geht man nicht unter die Leute! Das nächste Mal bitte wieder positive Gottesbeweise wie den, daß sich Amerikanerinnen die Hände liften lassen und nicht das Gesäß. Julius Harai bleibt doch auch bei seinem Leisten.

*

Größere Köpfe

Die »Frankfurter Rundschau« stellt die Frage:

»Ist Galopprennen Tierquälerei?«

Und die Frage stellen, heißt, sie beantworten lassen:

Frankfurts Zoodirektor Dr. Faust: »Es handelt sich um eine Überzüchtung in eine vom Mensch gewünschte Richtung. Ich bin generell gegen alle Übertreibungen. Ich frage: Ist das Pferd noch glücklich dabei?«

Ich, der generell für alle Übertreibungen ist, denke, daß es dem Pferd vielleicht jene Wurst ist, in die es widrigenfalls kommt, und daß es sich bei einem Zoodirektor, der sich Dr. Faust nennt, bevor er einem Reporter das stellt, was in der Redaktion als Gretchenfrage gilt, um eine Überzüchtung in eine vom Linksliberalismus gewünschte Richtung handelt — hin zu jenem Mensch, das nach dem Glück des Pferdes nicht mehr sich, sondern gleich das Pferd fragt:

Irmela Czarnetzki, 1. Vorsitzende des Tierschutzvereins Frankfurt: »Wenn man das Pferd fragen würde, würde es diese Leistung nicht bringen«,

sondern auf den Jockey steigen und mit ihm ein Finish hinlegen, das die Frage, was denn nun plötzlich in der Wurst ist, ganz neu stellte.

*

Wenn aber alle Eseleien gemacht sein werden, jede Dummheit ausgesprochen und aller Schwachsinn rausgelassen, wird immer noch der Rolf Hochhuth übrigbleiben:

In der Mitte des 17. Jahrhunderts erschien der Band über Böhmen, den der Kupferstecher Matthäus Merian aus Basel hat drucken lassen; der erste Satz des Buches lautete: »Böhmen ist ein Land in Teutschland...« Das ist nun verspielt durch Hitlers Krieg.

Es wäre roh, den Hochhuth, der sich vielstellige Verdienste erworben hat, einfach einen Trottel zu nennen. Er ist ein in Grenzen begabter Mann. Leider sind es die von 1939.

*

Meinem Votum gegen die Todesstrafe liegt die Erfahrung zugrunde, daß es doch immer die Falschen trifft. Kunststrolche, die der alten Literatur den Hals umdrehn, um mit einem Handtäschchen voller Tantiemen das Weite zu suchen, bekommen nicht mal einen Bußgeldbescheid, sondern lösen im Feuilleton klammheimliche Freude über den neuen »Don Giovanni« aus:

Der verhängnisvolle Händedruck mit dem steinernen Gast hat für Savarys Ladykiller übrigens die Folge, daß er von einem nicht näher genannten Virus befallen wird. Könnte eine Deutung aktueller sein?

Beim nächsten Mal, wenn Savary in Salzburg die »Zauberflöte« macht, darf die aktualisierte Pamina singen: Bei Männern, welche Liebe fühlen, fehlt auch ein gutes Gummi nicht...

*

Jener bayerische Staatssekretär, der den größten anzunehmenden Unfall im Namen führt, schreibt im »Spiegel« über die

beklagenswerten Opfer von Pinochet, Allende und der »MIR«.

Natürlich ist diese dreckige Verleumdung Allendes, dem doch nur vorzuwerfen wäre, daß er die Pinochets und die chilenischen Gauweiler, statt mit ihnen die Lichtmasten Santiagos zu schmücken, geschont hat, bis sie ihn umbringen konnten, durch das Recht der freien Meinungsäußerung gedeckt und liegt durchaus nicht unter jener Gürtellinie, die jeder Fernsehonkel reklamieren würde, wenn ich behauptete, daß sich hinter den martialischsten Typen häufig eine Klemmtrine verbirgt, die der Welt den Hengst machen muß, damit man ihr die Angst vorm *coming out* nicht ansehe.

*

Die »Hamburger Morgenpost«, deren flüchtige Lektüre ein Gefühl hervorruft, für das mir bislang der Ausdruck fehlte, veranstaltet eine Werbekampagne, die folgendes bewirken soll:

Damit soll der von den Lesern empfundene USP gegenüber der »Bild«-Zeitung herausgestellt werden.

Dies seltsame Würgen unterm Kehlkopf, verbunden mit Achselnässe und Kopfhautjucken, das der Leser empfindet — das muß der USP sein.

*

Theo VII.

Er übertrifft sich selbst. »Pokern mit Raketen« heißt die Übung, und die geht so:

Noch blockieren einige schwere Felsbrocken den Anstieg zum Gipfel... Der Stein des Anstoßes liegt nicht mehr in Bonn. Helmut Kohl hat gerade noch rechtzeitig die Bundesregierung aus der Schußlinie genommen... Es mag sich bei alledem um das übliche Schlußgeplänkel handeln. Jedenfalls ist in Genf noch nicht alles in Tüten und Papier... Überhaupt liegt ja der Wert des INF-Abkommens vor allem in seiner Dosenöffner-Funktion... Der Bundeskanzler hat dafür gesorgt, daß niemand uns die Schelle des Sündenbocks umhängen kann.

Made in West Germany. Es schreit geradezu nach Export, aber weil die Neger vielleicht doch nicht verstehen, was es bedeutet, einem Sündenbock die Schelle umzuhängen, wendet Theo sich nach Osten:

Dürfen in der Zukunft westdeutsche Zeitungen und Bücher in der DDR frei verbreitet werden? Das gemeinsame »Papier« der SPD und SED enthält darüber einen bemerkenswerten Absatz... Die Idee ist genau 23 Jahre alt. Damals wurde schon einmal über einen »Zeitungsaustausch« geredet... Die »Zeit« würde gern dort wieder anknüpfen, wo der Faden 1964 gerissen ist. Wir bieten den DDR-Behörden an, unsere Zeitung an den Kiosken zwischen Wismar und Weimar auslegen zu lassen — die Käufer mögen in Mark der Deutschen Notenbank bezahlen, in »Ostmark« also. Eine Partei, ein Wort? Die Nation ist gespannt auf die Antwort der SED.

Der Nation, wie ich sie kenne, ist es natürlich schnurzegal, ob die SED die Bevölkerung eines Staates, die mit vielem geplagt ist, auch noch der Zumutung aussetzen will, daß Steine des Anstoßes, die eigentlich Felsbrocken sind, aus der Schußlinie gebracht werden, damit Verträge in Tüten und Papier kommen, um ihre Dosenöffner-Funktion für die Sündenböcke zu erfüllen. Sagt die SED Ja zu Theo, werde ich der DDR, trotz aller ihr bisher bewiesenen Sympathie, meine volle völkerrechtliche Anerkennung, die ich gerade auszubauen und zu vertiefen gesonnen war, fristlos entziehen. Und nun bin *ich* gespannt.

*

Alternative VI.

Es unterschätzt mich, wer meint, ich verstünde nicht die Verbitterung, mit der die Einzelhändler der Betroffenheit und des Anliegens auf meine Haarspaltereien reagieren, weil es doch, wenn die Zukunft der Welt in Frage steht, auf Kommata nicht ankommen kann. Aber dann schreibt wieder der Redakteur Klaus Hartung von der »Tageszeitung« über die Vorzüge der Realpolitik und läßt mir keine Wahl:

Es reichen ja schon Menschlichkeit, Sachverstand und die milde Bereitschaft — siehe Engholm — zu reformieren, um den Genossen Trend zu wecken.

Nun gibt es Leser, die diese Meinung teilen, und andere, die das nicht tun. Aber wissen sie denn, welche Meinung sie teilen oder nicht teilen, da doch der Hartung an entscheidender Stelle ein Komma vergessen oder einen Singular verbeutelt hat? Meint Hartung, es reichten schon Menschlichkeit, Sachverstand und die milde Bereitschaft, zu reformieren, oder meint er, es reiche, Menschlichkeit, Sachverstand und die milde Bereitschaft zu reformieren? Vielleicht sind gerade die, die Hartungs Meinung sind, nicht seiner Meinung, und die, die seiner Meinung nicht zu sein meinen, teilen sie? Aber ich höre schon den Redakteur, dem ich zur Vornahme eines Beistrichs rate, fragen: Wo komma denn da hin?

*

Der Historiker Ernst Nolte ist kein gewöhnlicher Nazi, sondern ein feiner Herr, den es außerordentlich betrübt, immer so schrecklich mißverstanden zu werden, zum Beispiel wenn er sagt, es müsse doch darüber diskutiert werden dürfen, ob es, entgegen anderslautenden Gerüchten, nicht doch die Juden waren, die den Führer vergast haben. Denn, also, ehem, sehnsemal:

Wenn man die Weizmann-Äußerung als eine Kriegserklärung betrachtet..., ließe sich daraus nur eine Internierung ableiten und gerade nicht dasjenige, was tatsächlich geschehen ist.

Dasjenige, was tatsächlich geschehen ist, war also gar nicht eine Internierung, die sich aus einer Äußerung hätte ableiten lassen? Aber was war denn dasjenige, was tatsächlich geschehen ist, Herr Professor? Nunja, ehem, eben

alles dasjenige, was geschehen ist.

Bzw. was sich nicht ableiten ließ.

*

Während ich mich zeitweilig als Linker ausgegeben habe und nun an meine Ursprünge zurückkehre, schreitet der Revolutionär unbeirrt fürbaß:

Erstes Deutsches Fernsehen/ARD, Sonntag, 3. Januar 1988:
Und macht Euch die Erde untertan...
Eine Andacht mit Günter Wallraff/Aufzeichnung aus dem Großmünster Zürich. Musik: Teile aus »Die Schöpfung« von Joseph Haydn.

Das Existentielle wird immer existenzieller, das Unverwechselbare unverwechselbarer. (Auch im Falle der Schöpfung war's übrigens ein anderer.)

*

Lange genug hat er sich ja Zeit gelassen, aber schließlich gab er sich doch einen Ruck:

Ich bin ein ganz normaler Journalist. Mein Ehrgeiz war eigentlich immer, den Aufmacher zu liefern. Erst mal habe ich Spaß am Recherchieren. Ich bin neugierig, vor allem auf politischem Sektor, und ich möchte etwas bewegen. Ich sehe mich absolut im Hintergrund.

In einem Gespräch mit dem »Spiegel« hat er's gestanden, er, der den »Aufmacher« zwar geliefert, aber nicht geschrieben hat: Reiner Pfeiffer.

*

Theo VIII.

Der Untergang Trojas, die Götterdämmerung — zu Operettenlibretti verblassen sie vor seiner Rede an Barschels Grab:

Der Ruin eines Lebensschicksals erschüttert die Zeitgenossen — desto mehr, je höher der vorangegangene Aufstieg, je tiefer der nachfolgende Fall. Vollends, wo dieses Schicksal über den Bezirk des Privaten herausragt, geht von seinem Ende bewegende Wirkung aus. Zuweilen bringt der polternde Sturz eines Hochmögenden die Fundamente ins Beben, auf denen das Gemeinwesen gründet. Der Niedergang und Tod des Uwe Barschel gehören in diese Kategorie.
Hier vollendete sich eine persönliche Tragödie, wie sie die Bundesrepublik in den fast vier Jahrzehnten ihres Bestehens noch nicht erlebt hat. Ein Günstling der Götter, der jung in höchste Würden hineinwächst, gerät mit einem Male unter einen düsteren Schatten. Er überlebt als einziger ein schweres Flugzeugunglück, stürzt sich, kaum genesen, in einen brutalen Wahlkampf, bei dem es um sein Überleben im Amt geht — da verschlingt ihn der Strudel des Pfeiffer-Skandals. Er verliert erst Amt, dann Würde. Wenig später ereilt ihn in Genf der Tod. Ob es die moira der Griechen war, die da waltete, unausweichliche Verstrickung also, oder der Fluch der eignen bösen Tat, die sich gegen ihn kehrte — wir werden es womöglich nie erfahren.

Vor die Gunst aber setzten den Schweiß die unsterblichen Götter Stoltenberg und Schwarzkopf, und kaum der Charybdis Cessna entkommen, geriet er in die Skylla Pfeiffer. Moira ante Förde, Ödipus! Wenn Theo sein Graecum auspackt, kann Sophokles wirklich einpacken, der zwar gemeint hat, vieles sei ungeheuer, nichts ungeheurer als der Mensch, aber einen so ungeheuren Abiturienten sich nicht hätte vorstellen können. Vollends wo dieser über den Bezirk des Privaten hinausragt und hinausfragt:

Warum ist der CDU-Finanzminister Asmussen, der Uwe Barschels Ehrenwort ins Zwielicht stellte, erst jetzt damit herausgerückt...? Stand er dermaßen unter der Fuchtel des Kabinettschefs... Oder wollte er Barschel bewußt ins Messer laufen lassen? Wie kommt die Union, unverfroren den Spieß umdrehend, eigentlich dazu

den Dolch mit dem Bade auszuschütten? Genügt es nicht, das Grab Barschels mit Sentenzen über das Messer als umgedrehten Spieß im Zwielicht der Fuchtel zu bekränzen? Keineswegs:

Es genügt nicht, das Grab Barschels zu bekränzen, aber das Giftkraut der in seinem Umkreis eingerissenen Mafia-Methoden unbekümmert wuchern zu lassen.

Das Giftkraut der eingerissenen Methoden ist bestimmt noch keinem eingefallen, aber Theo legt sich die Latte noch ein Loch höher:

Er hat Giftschlamm aufgewühlt, der unserer Demokratie den Atem abzuwürgen droht; das schafft Luft.

Der aufgewühlte Giftschlamm nämlich. Ich komm' beim nächsten Smog-Alarm um eine Packung vorbei.

*

Die deutsche Seele des Dr. med. Dieter Reimold aus Asperg schafft sich in einem Leserbrief an seine »Frankfurter Allgemeine« Luft:

»Sie behandeln ihre Freunde wie Feinde und ihre Feinde wie Freunde«, hieß es einmal von der Politik der Demokraten der Vereinigten Staaten. Von Teilen unserer Regierung kann man heute dasselbe sagen. Potentiell deutschfreundliche Länder wie Südafrika und Chile, in denen viele Deutschstämmige leben, werden systematisch schlechtgemacht.

Daß Deutschstämmige nichts Besseres zu tun haben, als potentiell deutschfreundlich zu sein, überrascht nicht so sehr wie die Tatsache, daß es in Ländern, in denen jede Mengele Deutschstämmige leben, noch weitere potentiell Deutschfreundliche gibt.

*

In Marburg haben sie einen kommunistischen Briefträger entlassen, in Würzburg amtiert der Völkerrechtler Dieter Blumenwitz:

Diktator hin oder her — Pinochet unterliegt der Gewaltenteilung, und da funktioniert die Judikative am besten.

Und zwar sowohl manuell als auch elektrisch.

*

Was Diversifikation ist, erklärt uns der Wirtschaftsredakteur der »Frankfurter Allgemeinen«:

Britisch-italienische Condom-Gruppe...

London International PLC produziert außerdem Gummihandschuhe, Thermometer, Körper- und Baby-Pflegemittel. Die italienische Hatu-ICO Spa. gibt ihren Umsatz mit 52 Millionen Pfund an. Der Umsatz in Condomen allein betrug im letzten Jahr 11 Millionen Pfund, hat sich aber infolge der Aids-Panik seitdem wesentlich erhöht. Zum Angebot gehören auch Deodorants, Körperpflege- und Sonnenschutzmittel, medizinische Erzeugnisse und Babyartikel, darunter auch Spielzeug.

Jetzt gründen sie das Hatu-London Condominium und verdienen doppelt: Erst an Thermometern, dann an Deodorants.

*

Alternative VII.

Im Metropolenmagazin Hibdebach reimt ein Redakteur Patt auf Watt und macht Honneurs:

Ein Kompliment an die bundesdeutsche Demokratie. Sie hat Kraft zur Selbstreinigung bewiesen und die Macht der unabhängigen Presse.

Wer wen? Die Demokratie hat die Macht der Presse bewiesen? Ach, laß den jungen Mann, er wollte doch nur ein paar Blümchen abgeben. Also gut: Hier haben Se zwei Mark und wir lassen schön danken. Es wär' aber nicht nötig gewesen.

*

Royal Heinis

Wenn königliche Hoheiten in die Republik kommen, darf der Feuilletonredakteur in den Leitartikel:

Dafür erlebte man all das, woran sich das Herz erfreuen kann. Charles flog das Flugzeug persönlich über den Kanal. Bei der Ankunft beglückte Lady Di mit einem butterblumengelben wadenlangen Mantel. Kein Fernsehautor, kein Hörspielregisseur, kein findiger Reporter muß nachhelfen, um uns sieben Tage lang ein Märchen zu erzählen: das Märchen vom schönen Königssohn und der Prinzessin mit den strahlenden Augen. Lunch beim Bundespräsidenten, Tee beim Kanzler — so märchenhaft kann Politik sein.

Hat die Prinzessin einen der beiden Frösche wachgeküßt? Das nun nicht, denn es ist ein reales Märchen:

Und was wäre Politik ohne solche realen Märchen? Viel zu sehr ist sie ohnehin im Pragmatismus ergraut, in Ränken verdüstert. Ein paar Theaterfarben tun ihr gut. Nicht, um Abgründe zu übertünchen,

wie den, daß im Nebenzimmer des Feuilletonisten vor Jahresfrist noch der Kollege Rainer Pfeiffer saß,

sondern um uns gelegentlich daran zu erinnern, daß auch — und vor allem? — Politik der Träume bedarf,

von persönlich fliegenden Prinzen und butterblumengelben wadenlangen Mänteln,

und des Hinweises darauf, welcher Art die Sehnsüchte der Menschen sind: Bereicherung und Erhebung.

Daß die Menschen, die die »Welt« lesen, redigieren und verlegen, mehr noch als nach Theaterfarben sich nach Bereicherung sehnen, hätte der Erinnerung durch den Redakteur Schmidt-Mühlisch entbehren können. Er hat es freilich ganz anders gemeint und nicht bedacht, daß zwischen der erhebenden Lüge und der lächerlichen Wahrheit ein noch kürzerer Weg ist als von der Feuilletonredaktion in die Anzeigenabteilung.

*

Von »Anfechtungen eines Standes« erzählt die Marion Dönhoff:

Der Journalist soll Sachkompetenz und Sprachbegabung besitzen, Gespür haben, Intuition und Ausdrucksfähigkeit — aber niemand lehrt ihn, innerhalb welchen Spielraums er dies alles einsetzen darf oder bis an welche Grenze er seine Nachforschungen treiben kann, wo der Journalist aufhört und der Mensch beginnt.

Aber Gnä' Frau, es ist doch ganz einfach: Wo der Journalist, diese Promenadenmischung aus Kompetenz, Begabung, Gespür, Intuition und Ausdrucksfähigkeit aufhört — dort beginnt der Mensch. Was gibt's da noch zu lehren?

*

Es war einmal ein Reporter, der in der »Frankfurter Rundschau« die schwere Not der Gastronomie beim Berliner Sechstagerennen beschreiben sollte:

Jahrelang schlummerte diese in verpachtetem Dornröschenschlaf, das mangelhafte Angebot von Buletten, Bier und Wiener Würstchen verhinderte den Sprung in die Gewinnzone.

Da lag es und war so schön, daß er die Augen nicht abwenden konnte, und er bückte sich und löste den Pachtvertrag. Dornröschen schlug die Augen auf und blickte ihn ganz freundlich an. Und die Pferde im Schlachthof standen auf und rüttelten sich, das Feuer in der Küche erhob sich, flackerte und kochte die Würstchen; die Buletten fingen wieder an zu brutzeln, und der Chefredakteur gab dem Reporter eine Ohrfeige, daß er schrie. Da wurde die Hochzeit des Dornröschen mit dem schönen Prinzen Hareico gefeiert, und sie sprangen in die Gewinnzone. Und wenn sie nicht nicht in Konkurs gegangen sind, verdienen sie noch heute.

*

Theo IX.

Es wäre eine Illusion zu glauben, die Weltgeschichte höre auf, bloß weil sich die Bundesrepublik der Nabel- und Eingeweideschau hingibt. Aber es kann nicht das Alpha und Omega westdeutscher Politik sein, den Kopf in den Sand zu stecken, um Alpha und Omega, Nabel und Eingeweide zu schauen. Ob er vielleicht doch trinkt?

*

Besondere Zuneigung zum Monopolkapital habe ich mir nie nachsagen lassen müssen, aber wenn der Chefredakteur der Illustrierten »Stern« uns eine Welt herbeiwünscht,

in der Gedichte mehr bewirken als Politikerreden, André Heller soviel Einfluß hat wie die Deutsche Bank,

vergreif' ich mich noch an den Sparbüchsen meiner Kinder, um dem Herrhausen aus der Krise zu helfen.

*

Gerhard Mayer-Vorfelder, der Kultusminister, der die ihm ausgelieferten Schüler »Deutschland, Deutschland über alles« auswendig lernen läßt, versucht sich auch selbst in der geliebten Sprache:

Der Pokal hat seine eigenen Gesetze — mit diesem einfachen Satz kann man sicherlich ganz gut erklären, warum der DFB-Pokal in den letzten Jahren wieder zunehmend an Bedeutung gewonnen hat. Es vergeht ja auch tatsächlich kaum ein Jahr, ohne daß nicht wenigstens eine Bundesligamannschaft vorzeitig ausscheidet... Und wenn dann die erwartete Niederlage kommt, so ist das nicht so schlimm, wie wenn man gegen einen Amateurverein ausscheidet.

Und wenn die Liebhaber des Vereinsdeutschen dann nicht so Deutsch können, und kaum ein Satz vergeht, ohne daß nicht wenigstens die Sprache abnehmend an Bedeutung verliert, ist es nicht so schlimm, wie wenn sie deutsch wollen, aber mir reicht's trotzdem.

*

Vom Raddatz III.

Dreißigtausend Mark wollte ich ausgeben, damit das endlich aufhört:

Diese Fittiche des Schweigens schwingen über dem gesamten Werk, tragen die Romane und Erzählungen ins Unheimliche... Auf dem Zottelpferdchen seiner Phantasie zuckeln wir gemächlich, heiter und bösartig-dumm in den Untergang.

Ich verdopple.

*

Über die »Jahreskonferenz des European Women's Management Development Network« schreibt eine Christine Demmer in der »Frankfurter Allgemeinen«:

Die erfolgreiche »Berufsfrau« der achtziger Jahre trägt, wie die Mehrzahl der im Hotel »Metropole« anwesenden Managerinnen bewies, ein dezent gemustertes Deux-Pièce mit Schleifenbluse — und Führungsverantwortung.

Wird die Führungsverantwortung zum Deux-pièce über der Schleifenbluse getragen oder darunter? Und in lachsfarben oder gar in schwarz, damit der Manageringatte fragt: Is was mit Developa?

*

Der frühere Bundeskanzler H. Schmidt, jetzt hochbezahlter Mitherausgeber der mogadischu-liberalen Wochenzeitung »Die Zeit«, kann nun mal aus seinem Herzschrittmacher keine Mördergrube machen:

Wenn wir glauben dürfen, daß unsere Politiker sich bemühen, dem kategorischen Imperativ Immanuel Kants zu folgen, dann sind sie glaubwürdig.

Sie sollen nach Maximen handeln, von denen sie wollen können, daß sie allgemeine Gesetze würden, indem sie etwa — um ein konkretes Beispiel zu wählen — eine Partei, deren Programm eine grundsätzliche Veränderung des Gesellschafts- und Wirtschaftssystems verspricht, so führen, daß sie anschließend den Dank eines christdemokratischen Verlegers in großen Scheinen kassieren können. Eben: Immanuel Cunt.

*

Das Zweite Deutsche Fernsehen kündigt einen Film an, den die Schwestern Sibylle Plogstedt und Sabine Zurmühl gedreht haben:

Allein gegen Sex-Tourismus/Die Arbeit der Nonne Lea Ackermann in Mombasa/Kenia. Fünf ehemalige Prostituierte berichten über ihre Erfahrungen und die Hilfe, die sie durch die deutsche Nonne Lea Ackermann bekamen. Sie entwickelte ein Projekt, das den Frauen Ausbildungs- und Berufsmöglichkeiten bietet — als Sekretärinnen oder Näherinnen.

Das ist schön, daß die Firma Adler demnächst auch ganz unten in Kenia ausgebildete Näherinnen finden wird. Noch schöner, daß im Fernsehen des zweitgrößten imperialistischen Staates zwei Feministinnen die Bekehrung schwarzer Prostituierter zu Lohnarbeit und einem fremden Aberglauben feiern.

*

Hildegard Hamm-Brücher gibt ihrer Partei den finalen Rettungsschuß:

Liberale sollten nicht polizeistaatlicher reagieren, als es der Polizei selbst zweckmäßig erscheint.

Man nennt Frau Hamm-Brücher darum auch die große alte Dame des deutschen Liberalismus.

*

Eine Meldung der Deutschen Presseagentur:

Mit Entsetzen registrierten viele Beobachter einen Antrag des CDU-Kreisverbandes Pinneberg. Sein Wortlaut: »Aus gegebenem Anlaß stellen wir hiermit den Antrag, daß auf dem nächsten Parteitag beschlossen wird, das Pressegesetz von Land und/oder Bund wie folgt zu ändern: Wer vorsätzlich oder fahrlässig falsche Meldungen in die Welt setzt, unverhältnismäßig aufbauscht und/oder verbreitet, kann bestraft werden mit: 1. Haftstrafe bis zu zwei Jahren; 2. einer Geldstrafe bis zu 50.000 Mark; 3. Entziehung des Presseausweises. Vorgesetzte haften für ihre Mitarbeiter; 4. Gegendarstellungen sind auf der Titelseite, auffallend gebracht, zu placieren.«

Ich habe mir geschworen, für die Dauer von acht Wochen von einer lieben Übung abzulassen und Fahrern von Kraftfahrzeugen mit dem amtlichen Kennzeichen PI nicht den Vogel zu zeigen: Es könnte ein Kreisdelegierter der Pinneberger CDU sein.

*

Friedrich Karl Fromme, die Liebe zum starken Staat und die Psychopathologie des täglichen Lebens:

Die Hafenstraße-Usurpatoren, denen der Senat weit und weich entgegenkommt, sind nicht bereit...

Wet dreams im Leitartikel.

*

Der Fernsehredakteur Eberhard Piltz auf der Suche nach einem Bild:

Hier mußten die Politiker über den Schatten ihrer Militärs springen.

Er wollte sagen, es sei schwer gewesen, aber schwer ist es nur, über den eigenen Schatten zu springen, nämlich unmöglich. Über den Schatten anderer, auch der fettesten Generäle, kommt man als Politiker etwa so leicht wie als Goofy zum Fernsehen.

*

In der BRD gibt es zwar keinen Militarismus, das wird Ihnen Manfred Wörner gerne bestätigen, aber Leserbriefe an »Die Welt«:

Das Offenlegen der Mängel in der Truppe durch Brigadegeneral Carstens darf nicht nur zum Ändern der Truppenausbildung führen, sondern muß eine Reform der Führungsstruktur bewirken. Erst dann, wenn Truppenführer und Kommandeure ihre Aufträge wieder in dem Geist auszuführen gelernt haben, wie er seit Friedrich dem Großen überliefert ist, wenn in den Einheiten wieder »Korpsgeist« herrscht, wenn der »Spieß« wieder die »Mutter der Kompanie« ist, wenn jeder Soldat den anderen aus eigenem Antrieb in der Beherrschung der Waffe usw. übertrumpfen möchte, wenn Pflichten — und seien sie von noch so großer Härte begleitet! — freudig erfüllt werden, dann wird man wieder von »Kriegstüchtigkeit« sprechen können.
W. Gohrisch, Oberst a.D.

Dann, Herr Oberst, wird man nicht nur wieder von »Kriegstüchtigkeit« sprechen können, sondern dann geht's drei Silben kürzer ab. Damit Sie ggf. Orientierung nicht verlieren: Suchen Sie nicht nach dem überlieferten Wegweiser »Stalingrad«; der Iwan hat das Kaff umbenannt, extra um Sie reinzulegen.

*

Theo X.

Man würde ihnen ja glauben, daß hinter jeder Straßenecke eine neue Epoche beginnt und jede Woche zwei bis drei historische Augenblicke bringt, die alles wenden, wenn die Verkünder nicht von allem unberührt dieselben Trottel blieben über die Dezennien. Zum Beispiel er:

Nichts fällt den Menschen schwerer als die Vorstellung, daß die Dinge sich ändern können, gar: daß sie sich zum Besseren wenden mögen. Sie neigen dazu, Augenblicks-Konstellationen Ewigkeitswert zuzuschreiben. Aber wenn die Geschichte eines lehrt, so die Einsicht, die Heraklit in zwei Worte gekleidet hat: »Alles fließt«. Wandel ist die einzige Konstante.

Abgesehen bloß von jener anderen, die ihren Ausdruck darin findet, daß die Heraklit zugeschriebenen Worte seit zwanzig Jahren im Leitartikel der »Zeit« auf der Stelle plätschern — eine Konstellation, die nichts zu der Hoffnung beiträgt, daß die Dinge sich ändern, gar: daß sie sich zum Besseren wenden können. Wenn auch die Jahre vergehn, wenn auch die Spur'n verwehn, wenn auch die »Zeit« verrinnt, wir bleiben so wie wir sind. Das ist die Wahrheit — nicht von Heraklit, sondern von Alexander dem Großen, Vorname: Peter.

*

Was kann ich dafür, wie die Leute heißen und wo sie wohnen? Ein Wolfgang Wirsig aus Mönchengladbach (dort muß ein Nest von Kohlköpfen sein) schreibt an seine »Frankfurter Allgemeine«:

Als aus Schlesien stammender engagierter Grüner habe ich den Beitrag von Bernd Erich Heptner mit Genugtuung gelesen. Die offizielle Billigung von »Wroclaw« statt »Breslau« ist entsprechend den Urteilen des Bundesverfassungsgerichtes nicht nur nicht verfassungskonform, sie stellt auch eine Beleidigung von Millionen deutscher Vertriebener dar.

Bitte, was heißt Wirsig auf Polnisch?

Grüne Politik insonderheit zielt letztlich auf ein »Europa der Regionen«, kann aber keinesfalls die Intention haben, eine dümmliche nationalistische Attitüde, wie sie in dem polnischen Wort »Wroclaw« zum Ausdruck kommt, zu akzeptieren,

sondern muß klug internationalistisch den Polacken beibiegen, wie sie ihre Stadt bis zu jenem Zeitpunkt zu nennen haben, an dem die Herren Wolfgang Wirsig und Bernd Erich Heptner Wroclaw heim ins »Europa der Regionen« holen.

*

Wenn man noch zu Lebzeiten so gerühmt wird:

In seinen Büchern nimmt sich Gremliza, der vermeintliche »Geisterschreiber« von Wallraff, die Stilblüten seiner schreibenden Kollegen vor. Scharfsinnig und schulmeisternd hinterfragt er das feuilletonistische Wortgeklingel im deutschen Zeitungswald. Radikal deckt er die sprachlichen Mängel der Journalisten auf und entlarvt bekannte Kolumnisten beim falschen Zitieren.

Ja, wenn man sich von der »Pinneberger Zeitung« so verstanden fühlen darf, geht man doch mit ganz anderer Verve ans Vornehmen, Entlarven, Schulmeistern und Hinterfragen. Also, her mit dem feuilletonistischen Wortgeklingel im Zeitungswald! Als da wären die Waldmeister von der »Frankfurter Allgemeinen«:

Vom Altmeister der deutschen Politik, Franz Josef Strauß, stammt der Hinweis, daß sich auch die verworrensten und verwirrendsten Sachen in der Politik mittels einer einzigen Frage auflösen lassen: »Cui bono?« So ist es bei der Affaire Transnuklear. Auch hier empfiehlt es sich zu fragen: »Wem nützt das?«

Und schon sind sie wieder beim falschen Zitieren entlarvt: Wem nützt das? heißt bekanntlich: Quo vadis?

*

Wie schade es ist, daß es »Das Reich« nicht mehr gibt und unsere Besten sich deshalb bei der »FAZ« durchbringen müssen, läßt uns keiner so schmerzlich empfinden wie der Friedrich Karl Fromme, der die Frage nach den Verantwortlichen für den strahlenden Abfall beantwortet, als ginge es um die Schuld der Juden an der Syphilis:

Was mit »Atommüll« — also mit nicht nur lästigem, sondern möglicherweise gefährlichem Abfall — geschehen soll, ist ungeklärt. Das liegt auch an denen, die ihre Ablehnung der friedlichen Nutzung der Kernenergie mit vielen feinen Gulliverfäden ausgespannt haben,

in denen die LKW der Transnuklear sich verhedderten, bis die Fahrer vor Wut platzten und leider die Ladung kontaminierten.

*

Mariae Gloria von Thurn und Taxis, die als Beruf »Hausfrau und Mutter« angibt, wurde gefragt: Wer oder was hätten Sie sein mögen? Da sie schlecht antworten konnte: Alles, bloß nicht Mariae Gloria von Thurn und Taxis, aber auch nicht »Maozetung« sagen konnte, weil sie den noch für die Rubrik »Welche geschichtlichen Gestalten verachten sie am meisten?« brauchte, damit ihr morganatischer Stiefzwilling, Daniel Prinz Cohn zu Bendit, noch einmal hauchen darf: »Durchlaucht sind so erfrischend ordinär«, deshalb formulierte die Fürstin den bescheidenen Wunsch:

Alice im Wunderland oder Mickey Mouse.

Weil aber der Teufel immer auf den größten Haufen scheißt, ist der Milliardärsgattin auch dieser Wunsch noch in Erfüllung gegangen.

*

Theo XI.

Ich weiß, was seine Kinder zu Weihnachten gekriegt haben:

Zuweilen enthüllt sich in Banalitäten die Signatur eines Zeitalters.

Nein, nicht daß Papa ihnen einen aufschreibt, sondern:

»Heavy Metal«, »Einstürzende Neubauten«, »Erste Allgemeine Verunsicherung« — diese Namen kurrenter Rock- und Popgruppen spiegeln ein gehöriges Stück heutigen Lebensgefühls wider.

Damit aber das Geld für die Platten nicht rausgeschmissen sei, fängt das neue Jahr in der »Zeit« gleich mittenmang im neuen Lebensgefühl an:

Wenn all unsere Fundamente zerbrechen/Ein Jahr voller Fragen: Was tun, um wieder festen Grund zu finden?

Und schon geht der Pogo aber sowas von ab, daß den Einstürzenden Neubauten die Ohren abfallen:

Vor 340 Jahren schrieb Blaise Pascal: »Das ist ein furchtbar Ding — zu spüren, wie alles entgleitet, was man besitzt.« Viele Heutige bedrückt ähnliche Sorge.

Yeah, man!

Entgleitet dem Menschen die Herrschaft über die Schöpfung, die ihm einst heil anvertraut wurde, und jene neue Welt, die seines Geistes und seiner Hände Werk ist? ... Darf der entfesselte Prometheus hoffen — oder muß er sich ängstigen bis ans Ende seiner Tage? Das alte Jahr hat vielerlei Anlaß geboten, solchen bohrenden Fragen nachzusinnen.

Soweit die Vorprogramm-Gruppe »Boring Questions« mit Blaise »Prometheus« Pascal an den Drums. Und nun folgt — wie heißt das? — harter Punk:

Der erste Keulenschlag kam gleich zu Beginn: Aids auf allen Titelseiten, allen Kanälen... Der zweite Keulenschlag kam aus Kiel. Die Barschel-Affäre hat das Vertrauen der Bürger schwer erschüttert.

Zwei Signaturen des modernen Zeitalters hätten wir: Pest und Unglaube. Fehlt noch die Theuerung. Daissieja:

Im Ökonomischen hat sich 1987 erwiesen, daß die »unsichtbare Hand« bisweilen kräftig zuschlagen muß, damit Realität und selbstsüchtiges Interesse nicht allzuweit auseinanderklaffen. Der New Yorker Börsenkrach markierte das Ende einer Ära. Ein Markt brach zusammen. Das Beben pflanzte sich im Nu um die Welt fort.

Can't beat the feeling, man!

Schließlich, im Jahre 2 nach Tschernobyl, niederschmetternde Nachrichten aus der Welt der Technik: die Entschwefelungs-Scharade in Buschhaus... die Enthüllung des Transnuklear-Skandals..., der Wald stirbt weiter; Luft, Wasser und Boden werden von der Industrie und den Bauern verseucht; Ozonloch und Kohlendioxidglocke bedrohen unser Klima...

Also da hätt' ich einen Vorschlag: Einfach die Dioxidglocke übers Ozonloch, dann is' wieder zu. Zu solchen Scherzen ist Theo freilich nicht aufgelegt, ihn treibt's weiter, zur letzten Hiobsbotschaft:

Und die Politiker? Sie sind nur Menschen — doch wie könnte es anders sein.

Es kommt halt immer darauf an, worin einer mit seinen Fragen bohrt. Je nachdem findet seines Geistes und seiner Hände Werk nichts als Pop und Popel.

*

Weil ihr Vorgänger Glotz, dem schon vorm Frühstück mehr einfällt als ein journalistischer Müllcontainer vom Fassungsvermögen — sagen wir mal: — des »Spiegel« faßt, immer eine Seite der Mitgliederzeitschrift mit »Tagebuch«-Notizen gefüllt hat, und Anke Fuchs gegen ihn nicht abfallen will, wird an den 900.000 beitragspflichtigen Sozialdemokraten politische Bildung auf diese Weise vollzogen:

Sonntag, 6. Dezember:
Zweiter Advent und Nikolaus. Familientag. Wir schlafen aus und gehen spazieren, alles ist grau und kalt. Aber man hört auch überall Weihnachtsmusik, und das tröstet ein bißchen über das trübe Wetter hinweg.
Eure Anke Fuchs.

Und links, zwei, drei, ob Glotz am Bein, ob Weihnachtsklavier vorm Bauch: lang ist die Langenhorner Chaussee.

*

Annalphabeet

Wäre ich ein Staat, ich gäb mir Recht und recht (oder auch umgekehrt). Und niemand ginge hin. Mein Staat wäre ich. Du wärest dein Staat: du hättest dir Rechte undsoweiter. Und auch Sie. Und so wäre jeder sein Staat. Und erst recht ginge niemand hin. Eine ganz einfache Regel. Daß Staaten so nicht und schon gar nicht mehr in unserem Jahrhundert sein sollen: das haben so viele, zu viele erkämpfen müssen. Sie haben gekämpft: Wir haben geerbt. Es gilt, dieses Erbe einzusetzen, um es zu erhalten.

Was das sein? Oder auch umgekehrt: Was sein dieses? Is sich gelaufen durch Schiet und Dreck, kommt sich bei Zug an, is Bahnhof weg:

Der täglich zu beschreitende Grat scheint unübersichtlich und breit, und haarscharfe Kante liegt dicht neben haarscharfer Kante: nämlich von Beliebigkeit, die nicht sein darf, bis zur immanenten Undefinierbarkeit — weißgott kein einfaches Wandern!

Wer wagt's? Ich fordere die Mitglieder der Bundesdelegiertenversammlung des Verbands deutscher Schriftsteller in der IG Medien, also das Beste, was wir auf dem Gebiet haben, heraus, auch dieses noch zu übertrumpfen:

Anders gesagt: auch der demokratische Staat ist immer auch ein Sicherheitsrisiko — seiner selbst und der Menschen, die in ihm leben... Doch

Tabus sind das eine. Unantastbarkeiten das andere, und diese müssen für alle gelten: die Menschenrechte. Über alle gesetzten Tabus — jenseits der Unantastbarkeiten — muß gesprochen, gestritten werden können... Wie auch Gerechtigkeit nicht teilbar ist, nicht sein darf. Auch wenn täglich und überall und zunehmend trickreicher an solchen Teilbarkeiten durch Verdrehungen und Sophistereien gepolkt und geholzt wird.

Nein, die Schönheit des Gedankens, eines zunehmend trickreicheren Polkens und Holzens durch Verdrehungen und Sophistereien zum Zwecke der Teilbarkeit, dieser allen alltäglichen Schwachsinn überragende Chimborasso des Wahnesblöden (Wort: Richling/Melodie: Henscheid) ist in seiner Unantastbarkeit zu tabuieren (oder auch umgekehrt). Und die Gipfelstürmerin müßte umgehend zur Vorsitzenden des Verbands deutscher Schriftsteller in der IG Medien gewählt werden. Schon geschehen? Gratuliere, Frau Anna Jonas, gratuliere!

*

Im Deutschen Schauspielhaus hat Peter Zadek seine »Lulu« inszeniert. Ich war nicht dort, weil ich vor zehn Jahren Zadeks »Wintermärchen« gesehen habe, und man soll nichts übertreiben. Auf den Plakaten hatte Zadek der Lulu die Möse, auf der Bühne den Busen blankziehen lassen, und die Elbchaussee soll sich krank gelacht haben vor Begeisterung. Einige Premierenbesucher wurden direkt um ihre Meinung gefragt, darunter die Schauspielerin Monika Peitsch, die ja sozusagen von Namens wegen mit Wedekind zu tun hat:

Zadek ist zu dem komplizierten Stück sehr viel eingefallen. Ich bin begeistert. Seine Inszenierung ist sehr heutig.

Vielleicht sagte sie aber auch: häutig — das ist bei der herrschenden Sprechkultur nicht auszumachen. Eine andere Autorität, der »Pelzdesigner« Dieter Zoern, der also tatsächlich Häute für Leute von heute zuschneidet, erwies sich als kongenialer Zadek-Kritiker:

Die Inszenierung amüsierte mich von Anfang an, der Wedekindsche Background kommt dabei nicht zu kurz. Vor Oswald Kolle wäre man vielleicht prüder gewesen, aber die junge Generation nimmt an der Freizügigkeit wohl kaum Anstoß.

Amüsemang mit Background und Oswald Kollescher Freizügigkeit: knapper und präziser läßt sich diese Regiekunst nicht fassen. Der Filmemacher Hark Bohm hat noch etwas nachzutragen:

Ganz großartig, ich bin sehr überrascht, daß man diese fünf Stunden überhaupt nicht bemerkt hat.

Da ist es ihm gegangen wir mir in einem seiner Filme, den ich vor Jahren sah: Als die Platzanweiserin mich weckte, dachte ich, jetzt gehe der Vorspann weiter. Nun, wer wurde noch nicht gefragt? Der Unvermeidliche, Fritz J. Raddatz:

Ich halte Zadek für einen großen Zauberer, manchmal gar genialen Verzauberer des Publikums und vor allem der Schauspieler. Was er hier mit Susanne Lothar an Schauspielerführung geleistet hat, ist phantastisch. Sein Vorhaben, die »große Reinheit« der Figur Lulu, ihre eigentliche Sehnsucht nach Liebe darzustellen, ist gelungen.

Davon versteht er also auch nichts. Was aber den Background-Dichter Wedekind und seine Vorlage betrifft, hat's keiner so gut getroffen wie Premierenbesucher »Hanno Tietgens (28), Werbetexter« (Wen sie doch heute ins Theater lassen!):

Ich sehe sehr gern nackte Menschen auf der Bühne. Das regt meine Sinne an.

So zaubert Zadek. Und manchmal verzaubert er auch — aber das machen die Putzfrauen nachher wieder weg.

*

In Hamburg gibt es, was ja wirklich noch gefehlt hat: ein »Literaturlabor«:

Das anspruchslose Schreibseminar für die anspruchsvolle Frau. Übungen zur Überwindung von Schreibblockaden und Selbstzensur. Es geht — vorerst — nicht darum, etwas GUTES zu schreiben, sondern ÜBERHAUPT zu schreiben. Deshalb wird drauflosgeschrieben. Literarische Kritiken werden durchaus angelegt — später. Zweck der Übungen ist es, die innere Autorin und Lektorin auseinanderzuhalten. Techniken: Free Writing/Schreibmarathon/Kollektives Schreiben.

Leider, Günter, nur für Frauen! Aber ein heißer Tip für Anna Jonas.

*

Eine »Kleine Anfrage der Abgeordneten Frau Kelly und der Fraktion Die Grünen« an die Bundesregierung:

Trifft es zu, daß der Vizepräsident der Wehrbereichsveraltung VI in einem Unterrichtsblatt für die Bundeswehrverwaltung u.a. ausgeführt hat: »Wird es nur als Verhältnis Ergebnis: Mitteleinsatz gesehen, dann war der Einsatz von Giftgas zur Massenvernichtung von Juden anstelle individueller Hinrichtungen auch ein Sieg des Wirtschaftlichkeitsprinzips«?

Ist die Bundesregierung der Auffassung, daß ein hoher Beamter der Bundeswehrverwaltung mit so offensichtlicher geistig-moralischer Deformation als Vorgesetzter mit prägendem Einfluß auf einen ganzen Wehrbereich noch tragbar ist?

Da haben es die Abgeordnete Frau Kelly und die Fraktion der Grünen den vorgestrigen Militärs und ihrer Bundesregierung aber wieder mal hingerieben! Nun ahnt man freilich schon bei der Lektüre des zitierten Satzes, dessen Logik den erforschten Horizont militärischen Denkens durchbricht, daß da etwas fehlt. Und tatsächlich hat der Vizepräsident des Wehrbereichskommandos VI geschrieben:

Damit aber stellt sich die grundsätzliche Frage, ob sich Wirtschaftlichkeit als formales Prinzip in einer am Gemeinwohl ausgerichteten ausführenden Gewalt überhaupt durchgängig anwenden läßt. Wird es nur als Verhältnis Ergebnis: Mitteleinsatz gesehen, dann war der Einsatz von Giftgas... auch ein Sieg des Wirtschaftlichkeitsprinzips.

Vor diesem Wirtschaftlichkeitsprinzip, das nie, nicht in der Politik und nicht einmal in der Wirtschaft »maßgebend« sein dürfe, wollte er warnen, und um zu zeigen, wohin die Anwendung dieses Prinzips im Extremfall führen kann, verwies er auf die industrialisierte Massenvernichtung. Was aber antwortete die Bundesregierung?

Das Bundesministerium der Verteidigung hat mit Presseerklärung vom 30. Dezember 1987 das Verhalten des Beamten mit deutlichen Worten beanstandet. Der Parlamentarische Staatssekretär beim Bundesminister der Verteidigung, Frau Hürland-Büning, hat sich am gleichen Tage öffentlich entschuldigt.

Ich habe nie befürchtet, einmal für einen Vizepräsidenten einer Wehrbereichsverwaltung Partei ergreifen zu müssen. Das werde ich denen, die es so weit haben kommen lassen, nicht verzeihen.

*

Bonn sei tote Hose, heißt es, Politik werde ganz woanders gemacht. Nichts als ein Vorurteil traditionalistischer Schnarchsäcke! Wenn nämlich vor dem Bundestag der Abgeordnete Jochen Bauer von der Antiparteien-Partei loslegt, saust den Mächtigen mächtig der Frack:

Sehr geehrter Herr Präsident/Sehr geehrte Frau Präsidentin, meine Damen und Herren,

hebt er sarkastisch an, und dann folgt Schlag auf Schlag:

28 km nördlich der Insel Rhodos mündet auf türkischem Festland der Dalyan-Fluß und bildet eines der ökologisch bedeutsamsten Gebiete des Mittelmeerraums. Dort ist das einzige Brutgebiet der streng geschützten Unechten Karettschildkröte... Genau dort am Strand hat der Bau eines 620 Betten-Luxushotels begonnen, der mit 10,7 Mio DM aus Entwicklungshilfegeldern mitfinanziert wird. Das kann nicht im Sinne des Steuerzahlers sein. Er will nicht Naturzerstörung betreiben, er will nicht Vernichtungshilfe zahlen, er will sich für die bedrohte Tier- und Pflanzenwelt einsetzen.

Sieh mal an, dieser Steuerzahler! Und ich hatte ihn immer in Verdacht, nichts anderes zu wollen als das Finanzamt bescheißen, über die Autobahn brettern und seines Nächsten Brutgebiet begehren. Dabei lechzt sein Herz nach Beendigung

der fortschreitenden Störung der Population der Unechten Karettschildkröte..., einer Art, die 250 Millionen Jahre überstanden hat und vielfach als heilig verehrt wurde.

Ist das nicht ein nützlicher Hinweis für die Gottsucher unter Bauers Parteifreunden, angesichts der angespannten Konkurrenz auf dem Jesus-Markt?

*

Werter Genosse Honecker, wenn Sie den Satz aus Ihrem Referat, das Sie anläßlich der Beratung des Zentralkomitees der SED mit den 1. Sekretären der Kreisleitungen gehalten haben, in aller Ruhe noch einmal lesen:

Unter der Decke, die oft künstlich geglättet wird, entwickeln sich aus den Krisenerscheinungen geradezu eruptiv Konflikte, die sich in Klassen- und Massenkämpfen entladen...

— fällt Ihnen dann irgendwas auf? Nein? Nichts? Aber schon gar nichts? Sehen Sie, das freud mich.

*

Lange hat sie mit sich gerungen, die »Frankfurter Allgemeine«, aber schließlich siegte auch in ihrer Brust Gemeinsinn über Eigennutz, und so sagte sie denn den Umweltverbrechern blutigen Kampf an:

Kein Zweifel — das Interesse an der Umwelt wächst. Zyankali in der Mosel und Listerien im Käse, Plutonium in falsch deklarierten Fässern und Formaldehyd in Kindergärten, Katastrophe in Tschernobyl und Lagerbrand in Basel, Salmonellen im Milchpulver und Ölpest in der Bretagne — die Hiobsbotschaften wechseln in rascher Folge.

Und darum muß, ohne Rücksicht auf Inserenten und Abonnenten, durchgegriffen werden:

Soll das Leben auf der Erde langfristig eine Chance haben, müssen wir wohl oder übel einiges ändern — durch intelligente Technik, aber auch durch Verzicht. Politik kann da nur Konzepte entwickeln und in Grenzen finanzielle Anreize geben, verantwortlich handeln muß jeder einzelne.

Das leuchtet mir ein. Ich werde ab sofort meine Plutoniumfässer richtig deklarieren. Ehrenwort.

*

Vom Raddatz IV.

Weil ja doch keiner tut, was man ihm sagt, und nicht mal dann, wenn man sich die Mühe macht, es ihm aufzuschreiben, publiziert er in der »Zeit« ein

Pariser Tagebuch

Leider ist es kein Beitrag zur Kampagne »Gib Aids keine Chance«, sondern kommt ganz ohne Bindestrich aus, denn es handelt sich um jene deutsche Franzosenkrankheit, die man sich im liberalen Feuilleton holt:

Paris ist eine späte Stadt, »A Movable Feast« wie Hemingway, der es wissen mußte, es nannte; die Nächte enden nicht, zahllose Restaurants füllen sich erst nach Mitternacht. So das im Espace Cardin nahe den Champs Elysées, wo sich hungrige Theaterleute um das reichhaltige — und preiswerte — Buffet scharen; das in weiß und grün gehaltene luftige Restaurant wirkt wie eine Voliere, in der Künstler und solche, die es gerne wären, zwitschern und flattern und ihr Gefieder spreizen: Am Tisch gegenüber der künstlerische Leiter der Folies-Bergère Michel Gyarmaty, der seine Ketten und Armbänder und großen Ringe so selbstverständlich trägt, wie er Chiracs Protokollchef zum Essen einlädt. Am Nebentisch Françoise Sagan mit Jacques Chazot, dem Erfinder der »Marie Chantal«-Figur. Ich esse mit einem chinesischen Kunsthistoriker und einem französischen Fernsehjournalisten — und als ich zahlen will, sagt der Kellner: »Monsieur Gyarmaty hat sich erlaubt, Sie drei einzuladen. Er kennt einen von Ihnen aus dem Fernsehen.«

Genug. Meine Leser werden mir's nicht glauben, und seine werden's lieben, denn sie sind gegen jeden Dreck immun — wie jener Mediziner, dessen Heiratsanzeige zehn Zentimeter unter der Geschichte vom generösen Monsieur Gyarmaty abgedruckt ist:

Corrigez la fortune!
Beglückt das Solo im Konzert —
im Alltag ist es umgekehrt:
Wer möchte leben als Solist,
wenn es zu zweit viel schöner ist?
Ein Mediziner, Mitte fünfzig,
hält es deshalb für sehr vernünftig
hinauszurufen hier sein Streben,
dem Duo eine Chance zu geben.
Als Optimist mit frohem Sinn
glaubt er an seine Königin...

undsoweiter, Bildzuschriften unter Chiffre, Hochzeitsreise nach Paris, in »die späte Stadt«, wie Raddatz, der es wissen muß, es nannte, ran ans Buffet im Espace Cardin, gezwitschert und geflattert, Mitte fünfzig und noch mal ganz unvernünfzig, olala. Ich aber sage euch: Solange optimistische Mediziner unter einer Pariser Vorlage von Raddatz ihre Königin anreimen, braucht's kein Ozonloch, um die Ausbreitung der Krätze zu befördern.

*

Daß Heidegger ein nicht nur philosophisch, sondern auch praktisch gut funktionierender Nazi war, macht den neueren französischen Denkern, die so gern bei ihm abgeschrieben haben, nun doch ein wenig Kopfschmerzen. Ein Professor Pierre Aubenque, Paris, schreibt an Heideggers Gemeindevorsteherin, die »Frankfurter Allgemeine«:

Die einzige Neuigkeit, falls sie bestätigt wird, besteht in der »Enthüllung«, daß Heidegger bis einschließlich 1945 seinen Mitgliedsbeitrag zur NSDAP »skrupelhaft« bezahlt habe. Ich habe mir erklären lassen, wie diese Beiträge damals erhoben wurden: Es geschah durch einen Hausbesuch des lokalen Parteiobmannes. Da die Ehefrau des beschäftigten Professors meistens die Haustür öffnete, kann man sich vorstellen, auf welche flüchtige Weise diese Formalität möglicherweise erledigt wurde.

Es wird halt so gewesen sein, wie bei dem beschäftigten Führer, wo auch Eva Braun an die Haustür kam, um die Formalitäten zu erledigen: Winterhilfswerk, Kriegsgräberfürsorge, Abogebühr »Frankfurter Zeitung«, Unterschriftensammlung für die Endlösung undsoweiter.

*

Public Relations

Die Deutsche Parkinson Vereinigung e. V. (dPV), die Selbsthilfeorganisation der von der Parkinson'schen Krankheit betroffenen Bundesbürger, hat Grund zum Feiern: In diesen Tagen konnte ihr erster Vorsitzender Hans Tauber in Schwalmstadt-Treysa (Hessen) die Gründung der 100. Regionalgruppe bekanntgeben. Damit ist die dPV mit ihren lokalen Gruppierungen beinahe flächendeckend in der Bundesrepublik vertreten. Innerhalb knapp eines Jahres wuchs die Mitgliederzahl der Vereinigung um fast 2.000 Neuaufnahmen auf insgesamt 7.000 Patienten an. Das rasche Wachstum ist nicht zuletzt Ina Jenninger zu verdanken,

die als Schirmherrin die Verbreitung der Parkinson'schen Krankheit mit fast übermenschlichem Engagement gefördert hat und nicht ruhen wird, bis in tausend Regionalgruppen hunderttausend Patienten absolut flächendeckend erfaßt sind.

*

Bildzeile aus der Zeitschrift »Psychologie heute«:

Josef Stalin: Ein Leben voller Einsamkeit und Gewalt, ohne den Schutz eines liebenden Menschen.

Armer Kerl.

*

Infanterrible

»Wenn der rote Großvater erzählt...« Die Redaktion des sozialdemokratischen »Vorwärts« hatte den reizenden Einfall, einen Vertreter der jüngeren Generation über die Schnarchsäcke von 68 herfallen zu lassen. Aber hallo, wie der's ihnen gibt, das zeugt von Frische, Fröhlichkeit,

Freiheit, vor allem aber von der stilbildenen Wirkung des F.K. Fromme:

Schlimm dabei ist, daß die selbsternannten Heroen von gestern unserer Generation fehlendes politisches Bewußtsein unterstellen. Nein — unpolitisch sind wir bestimmt nicht. Wir verlieren uns nur nicht in endlosen Theorie-Debatten, sinnlosem Aktionismus und Ideologiekämpfen. Uns interessiert nicht in erster Linie der Imperialismus; wir kämpfen gegen Probleme, die uns ganz persönlich betreffen — und davon gibt es in diesem unserem Lande genug.

Ist es nicht schön, wie unkonventionell, frech ja rebellisch der Sohn wiederholt, was Pappi und Mutti schon immer gesagt haben: Nieder mit den Problemen! Hoch das Bein, die Liebe winkt, der Kaiser braucht Soldaten? Nein, geht auch nicht:

Die Freiheiten der sexuellen Revolution kann man sich auch getrost abschminken — im Zeitalter von Aids. Wer heute »zweimal mit der/dem gleichen pennt«, braucht den Spott nicht zu fürchten,

weil es im Kreis der jugendlichen Halbalphabeten doch keinem auffällt, daß einer, der nie zweimal mit derselben pennt, noch jedesmal mit der gleichen pennen kann, weil ja, wie die Ideologen sagen, on revient toujours à ses premières amours und sei es die zu den Großvätern:

In großen Lettern ziert ein Graffito die Wand des Uni-Gebäudes: »2. Juni '67 — Benno Ohnesorg ermordet«. Aus dem Stimmengewirr, das die vorübergehenden Studentinnen und Studenten verursachen, ist ein Satz herauszuhören: »Da gedenken die Apo-Opas wieder einem ihrer toten Helden!«

Rettet dem Dativ! So hat eine der ideologischen Parolen der Alten bei den Früchtchen doch Früchte getragen. Jene mögen ja mit allem anderen gescheitert sein und »alte Polit-Clowns« oder »wandelnde Anachronismen« genannt werden dürfen. Aber wenn einer mit Zwanzig schreibt: »In großen Lettern ziert...«, wundert man sich doch über den Mut, überm Suspensorium kurze Hosen zu tragen. Nein — unpolitisch sind sie nicht. Ein bißchen dumm vielleicht, aber nicht unpolitisch.

*

In der »Zeit« schreibt ein Mathias Greffrath:

Die Zeit der Aufklärung und der Öffentlichkeit geht ihrem Ende zu. Trotz ARD und »Pflasterstrand«, trotz »Spiegel«, »Stern« und »taz«.

Das »trotz« des Jahres.

*

Ökomene

Der Fachbereich Evangelische Theologie der Universität Hamburg hat sich einem neuen Forschungsschwerpunkt zugewandt.

Ich ahne Schlimmstes.

Projekte zum »Konzept der Hamburger Citykirchen«, zur »Strukturgenese einer Kirchengemeinde im Neubauviertel (Neu-Allermöhe)«, zu »multireligiösen und multikulturellen Prozessen im Stadtteil und ihrem Zusammenhang mit dem kirchlichen Leben (Karolinenviertel)« sowie zu »Zentralfriedhöfen, ihren Entstehungsbedingungen und ihren Auswirkungen auf das Trauerverhalten in der Großstadt« sind geplant oder schon bearbeitet.

Du heiligs Blechle! Aber wie der durch intensive Trauerarbeit angehäufte Streß in der Trauerfreizeit auf dem Zentralfriedhof abgebaut werden kann — das will fachbereichsmäßig erforscht sein. Zum Trost über diese multireligiöse multikulturelle Multirummelgenese meldet die Pressestelle der Universität Hamburg aber auch:

Ökologische Nischen in der Außenalster: Röhrichte entwickeln sich zum Teil recht üppig.

Da ist dann doch alles Trauerverhalten schnell vergessen. Und wenn ich auch weder weiß noch wissen will, was ein Röhricht ist, so weiß ich doch, daß wenigstens er oder es sich üppig entwickelt und mit dem Fachbereich Evangelische Theologie Schritt hält.

*

Alternative VIII.

Wer schreibt, bleibt. So auch Ulli vonne »Tageszeitung«:

Wenn Politik für die Grünen etwas anderes sein sollte als der Kampf ums Überleben als Selbstzweck, wenn die Inhalte im Vordergrund stehen sollen, dann könnte man diesem Plagiatismus auch etwas Positives abgewinnen. Ob die SPD nun wahrhaftig Waldsterben und Wahnsinnsrüstung angehen will oder nur Bauernfängerei betreibt: Sollte für die Antwort darauf lediglich der Erfolg zählen, so sind es gerade die Grünen, die vor ihren Chancen, erfolgreich zu sein, davonlaufen.

Wir wollen unseren alten Theo Sommer wieder hab'n, aber den mit'm Abitur.

*

Aus einer Anzeige der Deutschen Arzneimittelhersteller:

Arzneimittel, die Sie heute von Ihrem Apotheker bekommen, finanzieren die Forschung für zukünftige Medikamente.

Das Geld arbeitet, die Arzneimittel finanzieren, alle malochen, nur die Kapitalisten und ihre Konzerne sitzen untätig herum. Weg mit ihnen!

*

Die »Gesellschaft für bedrohte Völker« gibt eine Zeitschrift heraus, die »pogrom« heißt. Warum auch nicht. Vielleicht darum:

Liebe Redaktionskolleginnen und -kollegen, im Namen der pogrom-Redaktion darf ich Sie auf unsere Neuerscheinungen... aufmerksam machen...
Herzlichen Dank für Ihre Mühe und mit freundlichen Grüßen aus der pogrom-Redaktion

und alles Liebe und Gute bis zum nächsten Pogrom.

*

Reißmüller hat schon wieder einen Leser verloren:

Dr. phil. Friedrich-Karl Drescher-Kaden, o. Professor für Mineralogie und Petrographie, Mitglied von 5 wissenschaftlichen Akademien, Träger des EK I und EK II beider Weltkriege, Rittmeister a.D.

Wie er das wohl gemacht hat, im Zweiten Weltkrieg, als Petrograph schon Leningraph hieß? Ist er mitmarschiert, bis er seine Orden aus dem Ersten konfirmiert hatte, und hat sich dann verabschiedet: Das war's, meine Herren, 5 wissenschaftliche Akademien warten auf mich, das bißchen Stalingrad werden Sie schon alleine packen — ich kann ja schließlich nicht alles selber machen? Ob einem das die Barbara Bartenberg, geb. Drescher-Kaden im Namen der Angehörigen beantworten könnte?

*

Dany le Rouge auf der 37. Barrikade:

Welcher Teufel reitet Gewerkschaften, Grüne und andere, mit einer solchen Larmoyanz das Ladenschlußgesetz so vehement zu verteidigen. Wer kam noch nicht in Italien, Frankreich oder New York in den

Genuß des abendlichen Einkaufs ohne Streß, des angenehmen Konsumbummels an jedem möglichen Samstagnachmittag, nach einem schönen faulen Vormittag mit ausgedehntem Schlaf, Sex und Frühstück?

Du weißt schon, was ich meine/Die Stadt liegt an der Seine, dichtet die sächsische Nachtigall, aber komischer als sie ist doch unser hessischer Alternativspießer, der zur Bewältigung eines Problems, das ein denkender Mensch vorbeistreichen läßt wie den Furz im Wind, mit feuchten Samstagvormittagsträumen und einem Spesenkonto renommieren muß, bis jeder spürt, daß die frivolsten Bedürfnisse des Autors, der ein paar Zeilen später tatsächlich ein »Seine-Metropole« aufs Papier seufzt, von einem Edeka-Laden in Bonames werktags zwischen 9 und 18 Uhr und am schönen, faulen Samstag bis 13 Uhr zu befriedigen sind. Aber vielleicht kriegt er, von Weltmann zu Weltmann gefragt, vor der Sportschau keinen hoch?

*

Wenn einer, und er ist allein, nicht weiß, wie er die Zeit totschlagen soll, kann er sich immer noch in der Nase bohren oder zwischen den Zehen kratzen. Was aber machen Horst Bingel, Professor Erhard Denninger, Prof. Iring Fetscher, Professor Jürgen Habermas, Hans-Jürgen Hellwig, Stadtrat Hilmar Hoffmann, Alexander Kluge, Direktor Christoph Perels, Intendant Günther Rühle und Professor H.W. Wirth mit einem angebrochenen Nachmittag? Sie fragen:

Hat das geistige Europa abgedankt?

Ja oder nein? Was sagt der Graf Luigi Vittorio Ferraris dazu? Er fragt zurück:

Einklänge oder Mißklänge in der politischen Kultur Europas?

Wer das wüßte! Der könnte auch die Frage des Milan Dragovic:

Geistige Vielfalt — Vorteil oder Belastung?

mit einem klaren Wasweißich beantworten oder Bode Osanyns

Versucht der Afrikaner Europäer zu sein?

mit Adolf Muschgs Gegenfrage kontern:

Europa, wo fängst du an, wo hörst du auf?

Klaus Harpprecht versucht es erst gar nicht, sondern tritt

Europa oder die machtlose Unlust

breit. Er schreibt zur Strafe hundert Mal: Ich soll nicht nörgeln, und nimmt sich ein Beispiel an Kurt Biedenkopf, der positiv weiß:

Warum das geistige Europa eine Zukunft hat

Und Duve, wo bleibt Duve?

Zwischen den Hörnern des Stiers — die äußerst unsichere Fortbewegung der Dame Kultur

Wie beliebt? Achso, der kulturpolitische Sprecher der Sozialdemokratie macht Musengeräusch. Und wozu der Lärm? Weil Bingel, Denninger, Fetscher, Habermas, Hellwig, Hoffmann, Kluge, Perels, Rühle und Witt im Auftrag des Dezernats für Kultur und Freizeit (!) der Stadt Frankfurt am Main zum fünfzehnten Mal sogenannte »Römerberg-Gespräche« veranstalten müssen. Weil aber die Zeit knapp bemessen ist, werden weitere wichtige Fragen wie: Quo vadis, Europa? Europa — Abendland oder Morgenstern? Europa den Europas? bis zu den »16. Römerberg-Gesprächen« offenbleiben müssen wie klaffende Wunden. Und ich bin, in den zwölf Monaten dazwischen, auf meinen Fußpilz verwiesen.

*

Wenn die allergrößte der Partei'n mal wieder so richtig hinten runtergefallen ist, hat sie schon gewonnen — Erkenntnis nämlich und Überblick:

DKP begann Auswertung eines großen Kampfes

Und obgleich die Auswertung gerade erst begonnen wurde, weiß das Zentralorgan doch, wie sie enden wird:

In Rheinhausen platzte der Lack, der die Machtfrage verdeckte

Aber wie werten wir das nun wieder aus? Rostet die entblätterte Machtfrage nun dahin wie ein polnischer Seelenverkäufer? Kommt bald ein neuer Anstreicher? Den werden wir aber sowas von auswerten, daß ihm Malen und Pinseln vergeht.

*

Alternative IX.

In jenem biblischen Alter, das es der »Frankfurter Allgemeinen« erlaubte, den Satz: »Das Kondom ist in aller Munde« niederzuschreiben, ohne am Lachkrampf zu ersticken, sind die leitenden Redakteure der »Tageszeitung« noch nicht, aber auch ihnen ist der Zwei-Phasen-Reiniger schon mehr als bloß eine Metapher:

So ist es vielleicht ein Hoffnungzeichen, daß selbst ein Reagan... dazu gebracht wurde, das soziale Unrecht seines eigenen Landes in den Mund zu nehmen.

Das nenn ich: dem Klassenfeind die dritten Zähne gezeigt.

*

Sportreportage im Norddeutschen Rundfunk:

Heute findet im spanischen Jarama der dritte Lauf zur Motorradweltmeisterschaft statt, Jarama, der Name weckt Erinnerungen: Dort…

im Tale am Rio Jarama hat die Lincoln Brigade die Faschisten zum Stehen gebracht?

hat im vorigen Jahr Tony Mang…

Mythos 68.

*

Gerhard Müller, Präsident des Bundesarbeitsgerichts a.D., schreibt an seine »Frankfurter Allgemeine« (die Zeitung, die er seit jeher las, aber nur noch die Todesanzeigen, und er hat daran seinen Spaß, singt Degenhardt):

Abtreibung als Mittel der Familien- und Bevölkerungsplanung heißt, die Tötung Unschuldiger zu bejahen. Christen sollten im übrigen daran denken, daß das wahre Leben erst nach dem Tode beginnt

und mit der Geburt endet. Dazwischen ist es totes Spielzeug für deutsche Richter.

*

Hast du Kummer mit den Deinen — dicht dir einen:

Husum. Das fünfte regionale Lyrik-Seminar der Bertelsmann-Stiftung (in Zusammenarbeit mit dem Kulturwerk deutscher Schriftsteller und dem VS in der IG Druck und Papier, Landesbezirke Hamburg und Schleswig-Holstein) für Lyrikerinnen und Lyriker findet von Donners-

tag, 1. September (Anreise am nachmittag), bis Sonntag, 4. September 1988 in Husum statt. Teilnehmen können zwölf Autorinnen und Autoren aus Hamburg und Schleswig-Holstein mit geringer Publikumserfahrung. Teilnahmevoraussetzung: Einsendung von sieben Gedichten (bitte nicht mehr, keine Mundart).

Das Seminar endet mit der Ernennung der Teilnehmer zu Endreimgesellen und bietet einen Fortbildungskurs zum Hexametermeister an. Ich fürchte, so geht das nicht. Für den echten Lyriker (und die Lyrikerin!) gibt's nur einen, steinigen Weg zum Erfolg: ein Stündchen zum Tee bei Reich-Ranicki (Mundart nicht ausgeschlossen).

*

Wo alle neue Wege gehen, will die Hochschule für Wirtschaft und Politik, Hamburg, nicht in alten Gleisen verrosten. Sie bietet ein

Schnupperstudium

für den zweiten Bildungsweg an, das gleich nach dem Sonderabitur auf der Purzelschule beginnt und mit der Räumungspromotion endet. Ich aber glaube, daß sie alle ein Rad ab haben.

*

Frau Gräfin hat auch einen Frust:

Der Marxismus hat jede Faszination verloren.

Das, Marion Dönhoff, tut uns aber leid.

*

Helmut Kohl und die Kritik der Intellektuellen:
Es hat mich ja niemand gezwungen, Bundeskanzler der Bundesrepublik Deutschland zu werden. Wenn Sie aber dort sind, müssen Sie vieles ertragen, weil Sie sozusagen der Rammbock sind.
Rammbock? Oder eigentlich Sündenbock? Jedenfalls: Schafseggel.

*

Einmal in der Woche fordert der Wirtschaftsredakteur:
Weniger Staat!
Und einmal in der Woche posaunt der Leitartikler:
Der Staat, das sind wir alle.
Ist das nicht eine Dreisatz-Aufgabe von bezwingendem Charme?

*

Friedrich Karl Fromme trauert um die toten Bergleute von Borken:
Der Berufsunfall ist eine regelmäßige Erscheinung in einer Industriegesellschaft.
Im Bergwerk ist das Kohlenmonoxyd, in den Verlagsräumen der »Frankfurter Allgemeinen« vielleicht ein wackliger Redakteursstuhl oder eine brüchige Klobrille die Regel: das Leben ist überall lebensgefährlich.

*

Der neue Hamburger Sozialsenator Ortwin Runde, der dem linken Flügel seiner Partei zugerechnet wird, hat in einem Interview unumwunden bekannt:
Ich bin ein proletarischer Humanist.

Eines mut'gen Mannes Wort sollt' man wohl lassen stehn — und doch: Auf dem Weg, den die Erwägungen des Herrn Runde genommen haben, bis er, am sozialistischen Demokraten, am engagierten Linken, am humanistischen Sozialisten, am sozialistischen Radikalhumanen, am demokratischen Linkssozialisten und an anderen, mal dem Landesamt für Verfassungsschutz, mal der Delegiertenversammlung, mal der Lokalpresse verdächtigen Bekenntnissen vorbei, schließlich zum proletarischen Humanisten sich durchgewurstelt hatte — auf dem Weg hätte man ihn gerne begleitet. Und zu Fall gebracht.

*

Die »Frankfurter Allgemeine« schluchzt über Rußland:

Dort hat das Volk nur einen historischen Atemzug lang (von 1905 bis 1917) Bekanntschaft mit der aufgeklärten Monarchie gemacht. Das war zu kurz zum Eingewöhnen und zum Fortschreiten,

und nur lang genug zum Davonlaufen.

An späteren Entwicklungsstufen der europäischen politischen Kultur haben die Russen nur aus der Ferne teilgenommen.

Obwohl speziell die an Frankfurter Zeitungen für die europäische politische Kultur Schaffenden nichts unversucht gelassen haben, die Distanz überwinden zu helfen, und es auch tatsächlich einmal bis auf wenige Kilometer vor Moskau geschafft haben.

*

Alternative X.

Seehunde — unsere Brüder im Meer... Seehunde sind nicht nur geschmeidige Schwimmer, sie können auch im Wasser stehend bei be-

trächtlichem Wellengang »vögeln«, was »einwandfrei beobachtet« wurde... Wahre KünstlerInnen!

Das kann die Qualle, die durch das Weltmeer segelt, bekanntlich nicht. Sie ist darum auch nicht des »TAZ«-Redakteurs Schwester im Meer. Oder sagen wir so: Er will von dieser Verwandtschaft nichts wissen.

*

Verbrecherjagd

In der Illustrierten »Stern« ruft Bruder Michael Jürgs nach Rache:

Nordsee — Mordsee: Jagen wir die Mörder!

Au fein, ich bin zu gern dabei, wenn Dick das Steuer herumreißt, Doof einer Sahnetorte begegnet und ein Liberaler radikal wird. Immer fängt er an mit den Anfängen, denen zu wehren ist:

Keiner soll sagen, er habe es nicht wissen können. Keiner soll so tun, ob Minister oder Bauer, er habe damit nichts zu tun.

Daß keiner so tun soll, er habe damit nichts zu tun, kommt von der Aufregung. Die zittert nach:

Sterbende Robben erregen das Gemüt, Fische mit blutigen Geschwüren nur Ekel. Die Verursacher aber sind dieselben Verbrecher.

Die Verursacher des Ekels sind natürlich nicht die Fische mit den blutigen Geschwüren, sondern vielmehr:

Die Namen der Zuständigen sind Schall und Rauch.

Schall und Rauch? Das klingt aber sehr nach Decknamen, oder?

Welche Chemiefirma welchen Dreck in den Rhein geleitet hat, welches von den Äckern geschwemmte Düngemittel in welcher Dichte Algen sich vermehren und Tiere sterben läßt, all das ist kein neues Thema.

Man kennt also die Verbrecher? Sie heißen tatsächlich Schall und Rauch? Allein im Hamburger Telefonbuch gibt's 22 Schalls und 103 Rauchs. Bringt uns das weiter?

Die Chemiefirmen, die Dreck ableiten und verklappen und die Bauern mit Dünger beliefern, der das Wasser sterben läßt, weckt ein Boykott sicher auf. Sie stellen ja auch eine Menge andere Produkte her als die, die unsere Umwelt vergiften. Und wenn ein paar Millionen »Stern«-Leser den entsprechenden Firmen schriftlich mitteilen, daß sie ab sofort nichts mehr kaufen, wenn dann in den Bilanzen schwarz auf weiß nachzulesen ist, daß dies keine leere Drohung war, dann wird sich etwas ändern. Versuchen Sie es mal.

Jürgs macht es ganz schön spannend. Ob er die Adressen der Mörder noch verrät? Oder ob er darauf vertraut, daß die Milionen Leser sich die Anschriften selber aus dem Anzeigenteil des »Stern« nicht heraussuchen? Es sei, sagt er, nicht so,

daß Schuld nicht namentlich gemacht werden kann. Wir sprechen von Mord, und wir wollen von Mördern sprechen... Wenn durch Menschenhand andere Lebewesen schlicht zerstört oder ausgerottet werden, wird es Zeit, zurückzuschlagen... Treffen wir sie da, wo es ihnen weh tut... Jeder hat begriffen, daß heute die Robben sterben und morgen wir. Es geht also ums Überleben. Und da, meine ich, sind alle Mittel erlaubt.

Vom Aufregen bis zum Briefschreiben an unbekannte Adressen, selbst vorm Rauchen im Halteverbot würde Jürgs gegebenenfalls beim Zurückschlagen nicht zurückschrecken.

*

»Neues aus aller Welt« in der »Frankfurter Rundschau«:

Eine Puffmutter will ins Parlament

Wo sie die verbreitete Überzeugung, daß Parlamentsväter in den Puff wollen, um die Erkenntnis bereichern könnte, die unser Kanzler schon hat: Demokratie ist keine Einbahnstraße.

*

Aus den Analen

Der mit der Erfindung des Weltuntergangs durch Rektalverkehr zu Ansehen gelangte »Spiegel«-Redakteur Halter hat in einem für die »Tageszeitung« verfaßten Nachruf auf den Anarchisten Fritz Scherer den Seeweg nach Thüringen entdeckt:

Schon als Kind kannte der kleine Fritz den großen Wilhelm Liebknecht, hörte er Rosa Luxemburg zu...

Was umso erschütternder ist, als der kleine Fritz drei Jahre nach dem Tod des großen Wilhelm geboren wurde.

Als die Soldaten des Kaisers 1919 an der Garnisonskirche Fahndungsplakate gegen die beiden Revolutionäre klebten, hat er sie, frech und schnell, abgerissen. »Und dann nischt wie weg...!«

Bevor die Polizisten des Kaisers, der im Vorjahr desertiert war, den Schänder eines Plakats verhaften konnten, mit dem des Kaisers Soldaten mitten in der schönsten Republik nach einem Revolutionär fahndeten, der seit 19 Jahren so tot war wie es Fritz Scherer heute ist sowie — nach Halters Berechnungen — der Rest der Menschheit demnächst. Halter, bleib bei deinen Hüften!

*

Was ist der Elternmörder, der um ein mildes Urteil bittet, weil er doch Vollwaise sei, gegen den Johann Georg Reißmüller?

Den Leitern des jüdischen Weltkongresses stünde es gut an, endlich einen Funken Mitgefühl zu haben mit Waldheim... Jeder Mensch auf dieser Welt hat die Pflicht, im Umgang mit seinen Mitmenschen das moralische Minimum einzuhalten. Die Kampagne gegen Waldheim unterschreitet diese Grenze.

Uns ist in alten maeren chuzpe vil geseit...

*

Ernst-Otto des Lebens

Mehr als nur einen Funken Mitgefühl hat die »Frankfurter Allgemeine« seit je für die vielen ihrer Abonnenten, die damals weniger als Mitfühler denn als Mitläufer oder Mittäter aufgefallen sind. Wie lange soll man sie noch zittern lassen, ob der Postbote morgens vielleicht doch eine Vorladung bringt und nicht bloß den Leitartikel, in dem Ernst-Otto Maetzke aus der Perestroika Nutzen für seine älteren Leser zu schlagen versucht:

So mancher hat zur eigenen Überraschung ein wenig Mitleid mit dem alten Gromyko empfunden: Jahrzehntelang Außenminister von eindrucksvoller Sachkenntnis, sah er sich auf der Moskauer Parteikonferenz als Relikt einer Ära angeprangert, die in den Mülleimer der Geschichte geworfen wird. Der alte Mann war unversehens zu einem »Ehemaligen« geworden, also zugewiesen einer Spezies des homo politicus, die im Europa des 20. Jahrhunderts vielfältig vertreten ist. Denn dies geschieht immer und überall in Staat und Gesellschaft, wenn ein Umbruch sich vollzieht, eine revolutionäre Entwicklung in Gang gesetzt wird oder — chinesisch gesprochen — eine »Änderung des Auftrages« erfolgt... Was soll man mit solchen Leuten machen, die es in Europa in der einen oder anderen Weise fast überall gibt — in Rußland, in Deutschland, in Spanien und wo auch immer? Da gibt es zwei Mög-

lichkeiten... Es könnte immerhin sein, daß er als viel Jüngerer auch Hymnen auf Stalin verfaßt hatte. Dann ließe sich ohne weiteres verlangen, ihn mit Schimpf und Schande davonzujagen und ihn für den Rest seines Lebens mit irgendeiner Art von Steineklopfen zu beschäftigen. Das wäre so in Ordnung. Aber rechtfertigen ließe sich ebenso und sogar besser, diesen Mann und die Ehemaligen seines Schuldmaßes eines leichteren Kaufes davonkommen zu lassen. Die Protagonisten des »Neuen« können ihnen, ohne sich einer Sünde wider dessen Geist schuldig zu machen, die Reuebekundungen zum Nennwert abnehmen. Weiterbeschäftigung auf Bewährung wäre dann gerechtfertigt. Solche Leute wären sogar dazu zu verwenden, junge Leute zu besseren Sachwaltern ihrer Aufgaben auszubilden... Daß mit solcher Großzügigkeit dem Funktionieren neuer, besserer Staats- und Gesellschaftsformen ein guter und sogar kaum zu entbehrender Dienst geleistet wird, ist nicht die Hauptsache. Wichtiger ist, daß nachsichtiger Umgang mit »Ehemaligen« der politischen Kultur eines Landes zugute kommt.

Gromyko mit Schimpf und Schande zum Steineklopfen? Nein, selbst er soll junge Leute ausbilden, damit der besseren Staats- und Gesellschaftsform jener kaum zu entbehrende Dienst geleistet werde, der in der einen oder anderen Weise in »Wo auch immer« geleistet worden ist, wo man die Ehemaligen eines leichten Kaufes davonkommen, sie Unternehmer, Richter, Offizier, Lehrer und Leitartikler bleiben ließ, ohne Reuebekundungen auch nur abzufordern, was der politischen Kultur des Landes so sehr zugute gekommen ist, daß die weiterbeschäftigten Frankfurter sich schon 43 Jahre später mit Gromyko identi- bzw. — chinesisch gesprochen — entnazifizieren möchten.

*

In einem Leserbrief an den »Stern« rechnet der Wirtschaftsprofessor Rudolf Hickel mit der Bonner Steuerreform ab:

Dieses Steuereinmaleins konnte von Anfang an nicht aufgehen. Vor allem die Kommunen gehen mit dieser Politik im Bermudadreieck sinkender Finanzen und wachsender Kosten der Arbeitslosigkeit unter. Wann erlebt diese Finanzakrobatik endlich ihr politisches Waterloo?

Waterloo des akrobatischen Einmaleins im Bermudadreieck — ist das alles, Rudi, was dir einfällt? Hab' ich dir dazu so oft vom Cannae des galoppierenden Minuswachstums zwischen ökologischer Skylla und sozialem Loch Ness erzählt? (Vom Stalingrad der schleichenden Kostenexplosion bei den konjunkturellen Termopylen nicht zu reden.) Soll das alles umsonst gewesen sein? Dann, Rudi, muß ich dir zur Strafe etwas verraten: Der Rubikon der Steuerreform findet sein analytisches Canossa darin, daß Stoltenberg so rechnet wie du schreibst.

*

In der Anzeigenbeilage jener Zeitung, in der die Reißmüllers ihre Maetzken machen, schreibt der Johannes Gross:

Warum hat der deutsche Widerstand in der Welt so wenig Prestige? Weil es kein antifaschistischer Widerstand war... Die edlen Konservativen wollten im letzten Augenblick noch retten, was die unedlen im ersten schon preisgegeben hatten.

Was ist denn das? Und dies?:

Man begegnet gelegentlich Herren im besten Alter, schlank und gutgewachsen, erfolgreich und herrischen Blicks, und erfährt, sie waren als Kinder Napola-Zöglinge, haben sich aber längst zu prächtigen Demokraten entwickelt. Nur wenn man die Augen schließt, sieht man sie plötzlich in einer bestimmten Uniform.

Und dies gar?:

Manche Leute tun sich was darauf zugute, daß sie aus Idealismus, aus Anhänglichkeit an das Gute und eine bessere Welt Nazis geworden seien, dem Hitler angehangen hätten... Es ist nie anerkannt worden, daß im Deutschen spätestens seit dem Ende des deutschen Idealismus »Idealismus« nur ein Synonym für diejenige Dummheit ist, die sich spreizen will.

Manche Leute sind Frankfurter Herausgeber. Möchte man nicht ein Mal Mäuschen sein, wenn auf dem Redaktionsflur der Reißmüller dem Gross begegnet? Ach, ich fürchte, das ist einer von jenen Wünschen, die schön bleiben, solange sie nicht in Erfüllung gehn. Grüß Gott, wird der eine sagen, und: Wie geht's denn so? der andere.

*

Showbiz

50.000 Polizeibeamte zusätzlich sind nötig, weil die zunehmende Freizeit der Bürger mehr Arbeit macht, sagte der Gewerkschaftsvorsitzende Lutz. Zur Zeit seien knapp 200.000 Beamte im Dienst,

die mit der Veranstaltung von Randale, Kesselschlachten und anderer Volksbelustigung so überlastet sind, daß sie mehr Freizeit brauchen, in der sie sich von den anderen 50.000 unterhalten lassen können.

*

Alternative XI.

Der Intendant des Bayerischen Rundfunks, Vöth, erscheint vor der Spruchkammer und erklärt:

Wir haben weder für noch gegen Pretoria und Apartheid Politik gemacht.

Die Korrespondentin der »Tageszeitung« aber versteht's als Ausrede und will dem Vöth nicht glauben.

*

Ein Unbewußtes, sein Über-Ich und ihr Null ouvert hingen am Tresen so für sich hin, und alles zu verdrängen war ihr Sinn. Da kam die zur guten Fee sublimierte Diplompsychologin Ingrid Hackenbroich-Kluge daher und fing sogleich zu analysieren an. Als sie aber fertiganalysiert hatte und es allen Menschen sagen mußte, rief die »Hamburger Morgenpost« aus:

Skat: Reizen für den Seelenfrieden/Studie: Spieler sind ausgeglichenere Menschen

Und die »Bild«-Zeitung jubelte:

Skatspieler sind Sadisten

Es war aber gar kein Widerspruch, sondern eine alte diplompsychologische Weisheit, die besagt, daß Sadisten ausgeglichenere Menschen sind, was Skatspieler bei ausgeglichenen Spielergebnissen mit dem Scherzwort »Arsch gespalten« bestätigen oder in Zukunft mit einem kräftigen »Hackenbroich-Kluge«.

*

In ihrer Berichterstattung über Südafrika bemüht sich die »Welt« um Formulierungen von erstaunlicher Apartheit:

Bei Auseinandersetzungen zwischen Schwarzen und der Polizei wurden am Wochenende drei Menschen getötet.

Das kommt davon. Weil nicht gesagt werden sollte, was jeder weiß: daß die Ermordeten Schwarze waren, zählen die Polizisten in diesem Satz nicht zu den Menschen. Eine sympathische Auffassung.

*

Glasnost

Aus »Sowjetunion heute«, der PR-Zeitschrift der UdSSR-Botschaft:

Die Deutsche Bank/Unser bewährter Partner

Von Dr. rer. oec. Juri Krasnow, Mitglied der Delegation sowjetischer Bankfachleute. Hillgruber, Nolte, Fest, Abs — alle mal herhören:

Die Deutsche Bank hat über Jahrzehnte Erfahrungen auf dem Gebiet der Geschäftsbeziehungen mit der UdSSR gesammelt. Bereits drei Monate nach der Unterzeichnung des Rapallo-Vertrages im April 1922 unternahmen Vertreter der Deutschen Bank eine Informationsreise nach Moskau und Leningrad... 1925 unterzeichnete die Deutsche Bank ein Abkommen mit der sowjetischen Seite über die Gewährung eines Kredits... 1926 initiierte die Deutsche Bank ein Konsortium aus 27 deutschen Banken für die Finanzierung von Geschäften... 1929 beteiligte sich die Bank noch an einer ganzen Reihe von Konsortien... 1932 stand sie an der Spitze eines Konsortiums...1933 erfolgt durch Sonderkredite eines weiteren Konsortiums unter der Leitung der Deutschen Bank...

...die Finanzierung eines der Sowjetunion gewogenen Führers und Reichskanzlers? Nein, bloß

die Lieferung einer großen Partie von Rohren in die UdSSR.

Und was geschah dann? Der Bankfachmann macht einen kleinen Sprung:

In der Nachkriegszeit unterbrach der Kalte Krieg für lange Zeit die Beziehungen der Deutschen Bank zu ihren sowjetischen Partnern. Aber bereits in den ersten Monaten der Erwärmung des internationalen Klimas, die mit dem Moskauer Vertrag im Jahre 1970 begann, schaltete sich die Deutsche Bank wieder aktiv in die Finanzgeschäfte mit unserem Land ein. Die Deutsche Bank leitete das Konsortium...

Ausgewählte Momentaufnahmen einer ruhmreichen Geschichte oder: Es knipst auf seiner Leica/Mr. Moneymaker mit der Perestroika...

*

Jürgen Busche, vormals für 68er-Angelegenheiten zuständiger Redakteur der »Frankfurter Allgemeinen« und als solcher von der dortigen Szene tränenreich verabschiedet, jetzt Redakteur der »Hamburger Morgenpost«, reift an der Waterkant über sich hinaus:

Sarah und Andrew haben ihr erstes Kind bekommen. Ein Mädchen. Die britische Volksseele hüpft vor Freude über den Nachwuchs im Hause des Prinzen. Und wie es bei den an ihren Königshäusern hängenden Deutschen zu erwarten ist — auch da freuen sich viele mit.
Was mag die glückliche Oma Elizabeth fühlen. Und erst die beliebte Königinmutter, die Uroma. Nicht zu vergessen.: Großvater Philipp.
Das genau ist es. In der Familie der Menschen erleben alle dasselbe und es bedeutet für alle dasselbe. Glückliche Eltern gleichen anderen glücklichen Eltern wie die Eier aus einem Nest den Eiern aus einem anderen.
Im Schicksal der Könige und Prinzen können wir bei bestimmten Anlässen unser eigenes Schicksal wie in einem prächtigen Spiegel wiedererkennen und es noch einmal erleben. Als Eltern und Großeltern sind wir auch, was Andrew und Philipp, was Sarah und Elizabeth sind. Und diese sind wie wir. Das ist das Gemeinschaft spendende Glück idealer Repräsentation.

Ach, was ist dies, gemessen am Alleinsein stiftenden Glück realer Degeneration, in welcher Redakteure, die sich gleichen wie ein faules Ei dem anderen und nur bei Nestwechseln ein wenig die Farbe ändern, von sinnierbraun etwa zu kreischpink, mit Uroma, Oma, Großvater und Prinz wetteifern, bis sie in deren Schicksal ihr eigenes wiedererkennen und noch einmal erleben, beispielsweise wie Jürgen Prince of Busche-Wales auf dem Rasen von Windsor im Damensattel die Parade abnimmt. Der bestimmte Anlaß jedoch, zu dem ich mir die Liberté nehme, eine Egalité des Schicksals von Königen und Redaktionsprinzen zu träumen, ist näher als sogar Andrew und Busche sich je waren: der 14. Juli.

*

Theo XII.

Als sich herausstellte, daß das Verlangen nach einem Gesamtkonzept den ganzen Abrüstungszug aufhalten wird, ruderten die Bonner schleunigst zurück.

Erkläre mir, mein Theodur, dieses Wunder der Natur.

*

Heiner Bremer, Unterchefredakteur des »Stern« — ich kenne keinen, dem es so sauer aufstoßen kann wie ihm:

Nun schlägt sie also wieder, die Stunde der Heuchler, Neider und Moralapostel. Voller Zorn und mit erhobenem Zeigefinger, alten deutschen Oberlehrern gleich, dozieren sie in den Medien, im Fall Mathias Rust habe schnöder Scheckbuchjournalismus das gemeinsame Berufsethos verletzt. In ihrem Groll können die selbsternannten Tugendwächter nur mühsam... Stein des Anstoßes... Moralisierendes Lamento...

Was sich die Leser doch alles ersparen könnten, wenn sie der vierten Gewalt ab und an ein wenig Bullrichsalz verabreichten.

*

Die Grünen im Bundestag, Pressemitteilung Nr. 576/88:

Petra Kelly, MdB, und Gert Bastian, Herausgeber des soeben erschienenen Rowohlt-Buches »Tibet — ein vergewaltigtes Land«, werden im Beisein Seiner Heiligkeit des Dalai Lama in Stuttgart im Hotel am Schloßgarten die Buchvorstellung an Öffentlichkeit und Presse vornehmen. An der Buchvorstellung nehmen u.a. auch Dr. Franz Alt sowie Ko-Autoren des Tibet-Buches teil. Die Begegnung mit dem geistigen Oberhaupt des tibetischen Volkes findet von 10.00 bis 11.00 in Stuttgart statt. Voranmeldung für Presse über: Büro Petra K. Kelly. Am Nachmittag wird Seine Heiligkeit der Dalai Lama in Tübingen den Dr. Leopold-Lucas-Preis der Evang.-theol. Fakultät der Universität

Tübingen entgegennehmen. Petra K. Kelly und Gert Bastian begrüßen die Einladung des Europäischen Parlaments an S.H. den Dalai Lama, eine Rede vor dem Europäischen Parlament zu halten.

Als Höhepunkt der Feierlichkeiten werden die geistlichen Führer des vergewaltigten deutschen Volkes, Ihre Heiligkeit die Petra K. Kelly und Seine Seligkeit der Dr. Franz Alt, in u.a. Anwesenheit von Gert Bastian Herrn Tenzin Gyatso, dem 14. Dalai Lama, ihren Segen erteilen. Voranmeldung für Plätze auf der im Privatbesitz Ihrer Heiligkeit der Petra K. Kelly befindlichen, steuermindernd abgasgereinigten tibetanischen Gebetsmühle: Büro Dr. Leopold Lucas.

*

Kroetz

Was herauskommt, wenn ein umfrisierter Kultprolet auf Spesen des Springer-Verlags in die Luft geht, geschieht beiden recht:

Zwei Stunden vor Hongkong, in knapp zehntausend Meter Höhe, geht kurz vor ein Uhr früh die Sonne auf. Unter mir buckeln Südchinas grüne Hügel zwischen vanillefleckigen Wolken. In unserer Boeing 747 schlafen sie alle noch. Nur ich hab die Fensterblende offen.

Nicht nur die, wie sich zeigt:

Der schmale, teure Chinese neben mir macht mißmutig die Augen auf. Im Land der aufgehenden Sonne stört ihn das frühe Licht. Ich mag den Schieber nicht zumachen; ich will was sehen. Vorher, noch über der Sowjetunion, begleitete uns eine halbe Stunde lang eine Gewitterfront wie Granatwerferlicht. Wer schießt da auf wen, dachte ich zuerst. Wir fliegen doch gar nicht über den Golf, wo die Waffen schweigen (sollen) und nicht über Afghanistan, wo sie auch schweigen (sollen).

Nein, dorthin haben sie ihn nicht fliegen lassen. Aber wie ihn beim Anblick der sowjetischen Gewitterfront der

Geistesblitz streift, sich ein Granatwerferlicht einfallen zu lassen, das ein bißchen Friedensgeräusch hergibt, das macht ihm so schnell kaum jeder zweite Reporter nach.

Da beugte sich auch mein Nachbar

der schmale, teure Chinese, es wird ihm doch nicht übel geworden sein?

über mich, starrte aus dem Fenster und rief: »Look, look, like bombing!« Aber, dem Himmel sei Dank, wir haben wohl nur die Götter beim Feuerwerken beobachtet.

Das ist Franz Xaver Kroetz, »der meistgespielte deutsche Dramatiker der Gegenwart«, der »während der Olympischen Spiele exklusiv für die 'Welt' sein Tagebuch aus Seoul« schreibt. Das liberale Feuilleton ist indigniert. Mich aber freut's, weil ich dem meistgespielten deutschen Dramatiker der Gegenwart schon in jener Vergangenheit, da er auf kommunistischen Parteitagen abweichenden Kollegen die korrekte Linie übern Scheitel zog, für einen Feuerwerker hielt, in dem ein großer Beobachter des Sonnenaufgangs im Land der aufgehenden Sonne, granatenmäßiger Gewitterfronten und buckelnder Hügel in vanillefarbenen Wolken schlummerte.

*

Alternative XII.

Das »Feministische Frauengesundheitszentrum« in Nürnberg veranstaltet:

Zysten — Infoabend und Austausch: Ich möchte mich mit anderen betroffenen Frauen über ihre Erfahrungen mit Zysten austauschen. Vielleicht kommen wir gemeinsam der Ursache auf die Spur. Andere Themen, die wir ansprechen können sind:

nein, nicht warum zwischen können und sind eine druckgraphische Zyste (sog.Komma) entfernt werden mußte, sondern:

alternative Behandlungsmöglichkeiten, Sexualität, Kinderwunsch, Ernährung...

also alles, wofür die dazugehörigen Männer, sofern es ihnen an Info mangelt, den Skat oder, wenn ihnen nach Austausch von Fußpilz ist, die Sauna haben.

*

Rien va plus

Das »Hamburger Abendblatt« berichtet über ein »Tischgespräch mit Irmgard Schleier«:

Ein Energiebündel, tizianrot überflammt, ausdauernd, unbeirrt im Urteil, vital, manchmal — vor lauter Aktivitäten — etwas verwirbelt, kurz: ein sanfter Taifun, ein Beispiel dafür, daß Power und Charme einander nicht unbedingt ausschließen... Geboren 1944 in Schwerin. Leitete seit frühester Jugend Chöre und Schulopern. Ihr Wunsch, sich als Dirigentin ausbilden zu lassen, scheiterte daran, daß es für Frauen diese Berufsausbildung nicht gab. Studierte an der Hamburger Musikhochschule Klavier, Gesang und Musiktheorie, als Zweitstudium Sozialwissenschaft. Arbeitete zusammen mit einer Hamburger Künstlergruppe, zu der später auch Eva Mattes gehörte, in Hamburger Stadtteilen und führte eine Reihe von Forschungsprojekten durch. 1976 gründete sie den »Hamburger Sängerhaufen«.Seit 1986 Organisatorin und künstlerische Leiterin des »Festivals der Frauen« in Hamburg.

Wie in den Biographien deutscher Industrieller, die bis 1933 kein Studienfach vergessen und, um den dabei vergeudeten Platz wieder einzubringen, die paar Jahre bis 1945 überspringen, fehlen hier einige Angaben, die so wenig ehrenrührig sind, daß sie ohne Schaden für die Künstlerin nachgetragen werden können: Die Genossin Schleier war lange Jahre ein im Urteil durchaus unbeirrtes und auch von mir, der sich ihrer Ausdauer nur am Telefon ausgesetzt sah, stets geschätztes (wenn auch nicht gedrucktes) Mitglied einer Partei, zu der später zwar nicht Eva Mattes und Helga Schuchardt, früher aber Ernst Thälmann gehörte, einer Partei jedoch, die das vitale Energiebündel anläßlich der tizianrot überflammten Spesenabrechung für ein Friedenskonzert verlassen mußte — zusammen mit ihrem Ehemann, einem vorübergehend zur kommunistischen Orthodoxie konvertierten ehemaligen Mitglied der RAF. Nach dem Zusammenbruch oder einfach, wie das »Hamburger Abendblatt« sagt: »später« ging es etwas verwirbelt,aber flott voran:

Der Wunsch, der Arbeit einen noch stärkeren künstlerischen Anspruch zu geben, konnte in der Zeit, in der Eva Rühmkorf in Hamburg Staatsrätin war, schließlich verwirklicht werden. Ebenso wie Helga Schuchardt, liebte und unterstützte sie dieses Projekt. Das »Festival der Frauen« ist nicht nur ein Supermarkt weiblicher Kreativität, es demonstriert auch eine bestimmte Haltung — für Gleichberechtigung, gegen Hunger und Armut, für Frieden.

Für das Gute und entschieden gegen das Schlechte.

»Ja, aber dieses Motto wird von vielen mißverstanden. Ein Motto heißt nicht, daß wir eine politische Bewegung sind. Es heißt, daß wir künstlerische Produktionen entwerfen, erfinden, reproduzieren, die eine Wirkung auf die heutige Zeit und die Gesellschaft haben, eine Verantwortung mit sich bringen. Es hat aber nichts mit diesem Mißverständnis zu tun, welches von der Kunst eine Lösung von aktuellen Problemen erwartet. Das kann Kunst gar nicht. Was wir können, ist unterhalten, Mut machen, zur Klärung der Sicht und zur Orientierung beitragen.«

Ich hoffe, daß das Scherflein, das ich, obwohl künstlerisch eher Reproduzent als Erfinder, mit meiner Fußnote zur Unterhaltung, zur Klärung der Sicht und zur Orientierung beigetragen habe, der Künstlerin Mut machen wird, künftig ganz auf mißverständliche Motten für den Supermarkt weiblicher Kreativität zu verzichten, also statt von Gleichberechtigung, Hunger, Armut und Frieden zu sabbeln, gleich zu sagen, worum es geht: um Unterhaltung, das heißt um die Kunst, die das aktuelle Problem löst, wie man aus aus einem tizianrot überflammten Nichts einen Unterhalt macht.

*

Der »Wohnungswissenschaftler« (auch das gibts jetzt) Michael Sachs wendet seinen Forscherdrang der Hamburger Hafenstraße zu:

Ich kann dort drei Gruppen ausmachen. Die wirklich alternativ wohnen wollen. Dann die »Politiker«, hauptsächlich AntiImperialisten und Autonome, die mit dem Stadt-Guerilla-Konzept zumindest spielen. Und schließlich die Elenden unserer Gesellschaft, die mit Verelendung, Alkohol- und Drogenproblemen zu kämpfen haben. Die unter einen Hut zu bringen und für sich und die Stadt lebbar zu machen, ist nach wie vor das Experiment wert.

Aber: wer wen? Müssen die elenden Verelendeten sich selber lebbar machen oder werden sie lebbar gemacht? Und wenn's mißlingt: muß dann dem unlebbaren Leben von den Parteifreunden aus der Innenbehörde ein Ende bereitet werden?

*

Letzte Meldung

Wie die »Hamburger Morgenpost« meldet, hat Gruner & Jahr-Vorstandsvorsitzender Gerd Schulte-Hillen mit Michael Jürgs einen der bislang drei gleichberechtigten Chefredakteure des »Stern« zum »primus inter pares« ernannt. Heißt: Kommt es demnächst bei redaktionellen Entscheidungen zu Meinungsverschiedenheiten zwischen Jürgs und seinen beiden Kollegen Heiner Bremer und Klaus Liedke, ist Jürgs

Stimme ausschlaggebend. Die beiden derart Zurückgestuften sollen sich mit dieser Regelung einverstanden erklärt haben.

Bremer und Liedke werden also, wenn sie eine Entscheidung treffen wollen, nicht mehr zusammen mit Jürgs beim Herausgeber Uwe Schmidt-Holtz nachfragen müssen, ob der schon weiß, wie der Vorstandsvorsitzende Gerd Schulte-Hillen in dieser Sache vom Verleger Reinhard Mohn angewiesen wurde, sondern dürfen sich darauf verlassen, daß es ihnen der Michael Jürgs ausrichten kann. Warum das gemeldet wird? Weil die Öffentlichkeit einen Anspruch darauf hat, über derart schwerstwiegende, pardon, wir sind bei Journalistens, also: schwerwiegendste Umwälzungen im Gefüge der vierten Gewalt aufgeklärt zu werden. Wäre die Meldung nicht gemeldet worden, hätten Millionen in dem Irrglauben fortgelebt, daß Bremer und Liedke immer noch zusammen mit Jürgs über Schmidt-Holtz und Schulte-Hillen die Meinung von Mohn einholen müssen, was doch einfach tatsächlich überhaupt nicht mehr wahr ist.

*

Das Wirken des sozialdemokratischen Satirikers und »Plakatkünstlers« Klaus Staeck vollzieht sich im Rahmen gesellschaftkritischen Angaschmangs und damit in sicherem Abstand von meinen Jagdgründen, in die er sich manchmal ganz unabsichtlich dennoch verirrt:

Viel mehr ist über den tumben Ritter von der ganz traurigen Gestalt nicht zu sagen, dem man seine vier Rocky-Filme inzwischen ansieht.

Ein Satz wie ein Plakat von Staeck, der sich standhaft weigert, in ein Buch von Heartfield zu gucken oder auch nur in den Spiegel, obwohl gerade dies zum Zwecke der medizinischen Selbstversorgung nötig werden könnte, wenn er sowas nochmal macht:

Spätestens seit Cassius Clay weiß man, daß übermäßiges Boxen dem Kopf nicht gut tut.

Mag der Neid des Heidelberger Allesklebers auf den großen Muhammad Ali, dessen letzte Klebe Staecks gesammelte Werke der rosa Epoche vergessen, ja fast verschmerzen läßt, auch verständlich sein — er soll das lassen! Sonst könnte ich der Versuchung, dies Gesicht des Fortschritts ebenfalls physiognomisch zu deuten und zu reformieren, vielleicht einmal doch nicht widerstehen.

*

Der Kriegsminister Rupert Scholz verteidigt seine Rolle im Kunstfluggeschäft:

Irgendwelche Vorwerfbarkeit persönlicher Art ist absolut unbegründet.

Die Melange aus einem irgendwie absolut Zeitgeistlichen und einem Deutschmann, der Vorwürfe, die ihm gelten, zu Vorwerfbarkeiten persönlicher Art verstottert, erleichtert einem das Leben in dieser Gegend auch nicht. Vielleicht hilft da wirklich nur Ramstein.

*

»Das Kondom ist in aller Munde«: Der unsterbliche Satz, mit dem sich die »Frankfurter Allgemeine« Applaus weit über ihren entnazifizierten Abonnentenstamm hinaus erworben hat, erweist sich als ebenso haltlos wie die Prognosen ihres Literaturredakteurs. Soeben teilt das Gütersloher Verlagshaus Gerd Mohn nämlich mit:

Das Thema Aids ist in aller Munde.

Und dorthin konnte es doch nur kommen, weil das Kondom nicht in aller Munde war.

*

Alternative XIII.

Oft bin ich gar nicht so bösartig, wie die vielen guten Menschen unterstellen, sondern bloß hilflos. Was, beispielsweise, wollte der nette Max Thomas Mehr von der »Tageszeitung« mir mit diesen Worten sagen:

Nur die Linke muß wirklich um den Bayern als Politiker trauern. Verliert sie doch ihren wichtigsten Gegner, ihren Lieblingsfeind des allzu bequemen Diskurses.

Daß Strauß ein Feind des allzu bequemen Diskurses gewesen sei? Und als Feind des allzu bequemen Diskurses ein Liebling der Grünen? Obwohl er doch gleichzeitig ihr wichtigster Gegner war? Ich nix verstehen. Wenn ich aber von der syntaktischen Unfähigkeit der Lieblingsfreunde des albernativen Journalismus redete, hieße es wieder, ich sei ein Anhänger der Genitiv-Technologie. So gebe ich lieber das Wort weiter: Oft ist das Denken schwer, indes, das Schreiben geht auch ohne es, sagt Wilhelm Busch, ein Lieblingsfreund des allzu bequemen Diskurses.

*

Theo XIII.

Der Liberalismus ist und bleibt doch die Weltanschauung des Versicherungsvertreters:

Bundespräsident Richard von Weizsäcker steht im Feuer der Erbarmungslosen. Es wird ihn hoffentlich nicht verbrennen.

Wer im Feuer steht, steht im Feuer der Geschütze, die ihm zwar was auf's Fell brennen, ihn aber nicht verbrennen. Bilder, Theo, sind, wer weiß es wie du von mir, brandgefährlich. Wie schnell fällt man aus den heroischen Gewitterwolken des Krieges in die flache Pfütze der Brandkasse.

*

Vom Raddatz V.

In der Farbanzeigenbeilage der »Zeit« erscheint jetzt neben »The Art of Writing« von Mont Blanc auch eine Serie »Mit Heinrich Heine in Italien«:

Ankunft in einem zaubrig gelegenen Dorfgasthof — unweit von San Giorgio di Valpolicella. Zuerst noch ein Abstecher zur berühmten Kirche von San Giorgio, hoch über den Bergen, mit einem der seltensten langobardischen Ziborien aus dem achten Jahrhundert. Nun sitze ich im schattigen Garten, die Täler unten scheinen sich mit einem »Benvenuto in Italia« zu öffnen, Italien hat »begonnen«: Die freundliche Blonde, die den weißen Valpolicella und köstlichen Nudelsalat bringt,

muß bis zum »Il conto, per favore« als Modell für seine »Art of Writing« stillhalten und darf weder die der köstlichen Nudel sich öffnenden Täler noch die langobardischen Ziborien ein für allemal sich verbitten. Mit Heinrich Heine in Italien? Als ob seinen literarischen Bedürfnissen der Josef Neckermann nicht vollauf gewachsen wäre.

*

Nachdem die FDP entschieden hatte (Lieber kriminell als Frau), referierte der Reporter Friedrich Karl Fromme in der »Frankfurter Allgemeinen« die Motive der dissidierenden Liberalen:

Aber da sei die Sache mit den Parteispenden. Gewiß, gewiß: Der Graf habe nichts für sich und alles für die Partei getan. Aber das sei wie im Kriege, wo von vielen der eine, zufällig, getroffen werde.

Zwanzig Millionen Zufälle, und nur der Graf entkam, um später sagen zu können, was der Fromme mit Genugtuung zitieren wird:

Der Minister der Kanzler Schmidt und Kohl will auch künftig »weder Lagerinsasse noch Blockwart« sein. Daran läßt er nicht rütteln.

Ein Mann von Grundsätzen. Auch damals, im Kriege, wollte er weder Jude noch Nazi sein, sondern bloß ein Mann, der zufällig trifft.

*

Alternative XIV.

Ein begabter Parodist schickt mir seine »Erklärung der grünen Bundestagsabgeordneten Antje Vollmer zum Tode des bayerischen Ministerpräsidenten«:

Mit Franz Josef Strauß ist unser bedeutendster politischer Gegner gestorben, an dessen Person und Politik wir uns abgekämpft haben, solange ich denken kann. Daß er dabei so volkstümlich war, hat uns oft in Zweifel gebracht über die Haltbarkeit einer offenen, toleranten Demokratie in dieser bundesrepublikanischen Gesellschaft.

In den letzten Jahren hat F. J. Strauß selbst, klug und irritierend, an einem Eckpfeiler seines Weltanschauungsgebäudes, dem Antikommunismus, mitgesägt, als er den Reformbestrebungen Gorbatschows Glaubwürdigkeit und der DDR Kreditwürdigkeit attestierte. An der Korrektur einer Feindbild-Polarisierung im Bereich der Innenpolitik, hat er zu unser aller Schaden dagegen nicht mehr mitgearbeitet. Mag sein Motiv dabei auch gewesen sein, keine Wähler ins rechtsradikale

Spektrum abdriften zu lassen, so ist das Ergebnis im Bewußtsein der Bevölkerung doch zwiespältig: intolerante Gesinnung und autoritäres Denken werden dadurch verfestigt. In den letzten Monaten gab es einzelne Signale, daß es auch hier zu einer symbolischen Irritation unseres Lieblingsfeindbildes, des Law-and-Order-Politikers F. J. Strauß, kommen könnte.
Dafür ist er aber zu früh gestorben. In seiner Partei ist niemand in Sicht, der eine notwendige innenpolitische Liberalisierung der CSU glaubhaft vertreten und in Angriff nehmen könnte.

Nicht schlecht getroffen, diese Mischung aus grünem Konfirmandenunterricht und maoistischer Abzockerei: die symbolische Irritation, das Weltanschauungsgebäude, die Feindbild-Polarisierung, das Abkämpfen, die Verfestigung und der zu frühe Tod (noch vor dem Eintritt altersbedingter Demenz und damit vielleicht dem in die grüne Partei). Einiges freilich scheint mir ein wenig überzogen, etwa das kluge und irritierende Mitsägen und die Pedanterie, den parodierten Nachruf als »Pressemitteilung Nr. 972/88« vom Pressedienst »Die Grünen im Bundestag« verteilen zu lassen.

*

Alternative XV.

Leitartikel in der »Tageszeitung« vom 1. November:

Daß es durchaus vernünftige wirtschaftliche Gründe dafür geben mag, den größten, aber nicht modernsten Betrieb Polens in einer weltweit notleidenden Branche wegen Unrentabilität zu schließen, ist eines. Daß die Regierung Rakowski die Durchforstung der unrentablen Unternehmen gerade bei der Danziger Lenin-Werft, der Geburtsstätte des Regime-Widerparts »Solidarität«, beginnt, und dies zu einem Zeitpunkt, da geweckte Hoffnungen auf eine nationale Verständigung für die dringend notwendigen Reformen wieder zerrinnen, ist ein anderes.

Leitartikel in der »Frankfurter Allgemeinen« vom 1. November:

Nicht die Entscheidung der polnischen Regierung, unrentable Betriebe zu schließen, ist kritikwürdig — auch die Opposition fordert eine moderne Wirtschaftspolitik und den Abbau von Subventionen für unrentable Betriebe. Im Falle der Lenin-Werft jedoch, der Wiege von Solidarnosc, geht es nicht mehr um Wirtschaftspolitik. Hätte die Regierung den ernsthaften Willen, einen politischen Kompromiß anzusteuern, dann hätte sie gerade in diesem Fall mit der Opposition verhandelt. Am »runden Tisch«, versteht sich.

Was will er uns denn mit dieser Gegenüberstellung wieder sagen? Erstens ist das Thema so, daß man auch in der alternativen Zeitung nichts anderes dazu sagen kann als in der konservativen, und zweitens merkt man trotz alle dem die Unterschiede: Wo die Söhne ein sachliches »Geburtsstätte« setzen, sülzen die Väter von einer »Wiege«; wo diese stramm marktwirtschaftlich »eine moderne Wirtschaftspolitik und den Abbau von Subventionen« preisen, winden jene sich in dem solidarischen Konjunktiv, »daß es durchaus vernünftige Gründe dafür geben mag«; wo die Frankfurter Technokraten bloß Verhandlungen am »runden Tisch« verlangen, plädieren die Westberliner Basisdemokraten für »nationale Verständigung«. Zugegeben, das sind Unterschiede, welche die Existenz einer alternativen Tageszeitung wünschenswert erscheinen lassen. Bevor ich mich aber gänzlich geschlagen gebe, muß ich mich bei meinen Lesern entschuldigen: Das erste Zitat stammt aus der »FAZ«, nicht aus der »TAZ«, das zweite aus der »TAZ«, nicht aus der »FAZ«. Tut mir leid.

*

Der DDR-Korrespondent Peter Pragal hat wieder mal recherchiert auf Heidemann komm raus. Im »Stern« apportiert er die »strengen Maßregelungen«, mit denen »Volksbildungsministerin Margot Honecker Versuche von Schülern zu mehr Diskussion unterläuft«, und ein bemerkenswertes Stück Samisdat:

Freunde und Sympathisanten der geschaßten Schüler machen ihrer Wut unterdessen in einem gereimten Sechs-Zeiler Luft:
»Die Lehrer, die Rekrutenschinder,
sie brechen schon das Kreuz der Kinder.
Sie pressen unter allen Fahnen
die idealen Untertanen:
Gehorsam — fleißig — geistig matt —
die hab ich satt.«

Nicht schlecht, was der Reporter des Teufels sich da unter Einsatz von Leib, Leben und Auslandsspesen von DDR-Schülern des Jahres 1988 auf den Block reimen ließ. Kujau hätte es sich leichter gemacht. Er wäre daheim geblieben und hätte das Biermann-Lied einfach aus einem alten Wagenbach-Bändchen abgeschrieben.

*

Bei Pragal zu Hause dichtet der Chef, Michael Jürgs-Mahler:

Das Bild der nach Luft schnappenden Riesen aber wird bleiben. Es gehört schon jetzt zu den Ereignissen, die ein Bild im Kopf entstehen lassen — wie: Mao schwimmend im Gelben Fluß, das jüdische Kind mit den erhobenen Armen vor den SS-Schergen im Warschauer Getto, der Todesschuß des Polizeichefs von Saigon.
Und noch mehr: Die Bilder aus dem Packeis sind eine Begegnung mit unserer Geschichte gewesen, der Geschichte der Evolution. Indem Menschen versuchten, die Wale zu retten, haben sie für Momente sich selbst retten wollen.

Sind aufgetaucht, um Luft zu holen. Haben eine Sehnsucht gespürt, als ob die Rufe der Wale auch ihnen gelten. Und dann die Trauer, daß sie diese Sprache verlernt haben, daß die Erde keine Einheit mehr ist von Tier und Mensch und Natur. Die Welt ist zu laut geworden, um die Rufe der Wale zu hören.
Aber irgendwo da drinnen, wo die Stille unendlich ist und zeitlos, muß es noch mehr geben, als uns die schnellen Experten des Alltag erklären können.

Wie kriegt man sowas? Ist's eine allergische Überreaktion auf zu große Dosen Lebertran? Muß man dann auftauchen zum Luftholen, will dringend die Rufe des Wals hören und antwortet, weil man ihre Sprache verlernt hat, in gebrochenem Kabeljau? Ob er Ruhe (es muß nicht gleich unendliche Stille sein) gibt, wenn ihm versichert wird, daß er sich von der Evolution, der Zerstörung der Einheit von Hornochse, Leitartikler und Tümpel, übertriebene Vorstellungen macht?

*

Theo XIV.

Immer noch der Alte:

Präsident in einer Welt des Wandels... Er verbiß sich in Randprobleme wie Freigang für Strafgefangene... Gegenüber dem Elend stelle er sich taub und blind... Die Teilung Europas in zwei wasserdicht voneinander abgeschottete Hälften... Es ergab sich von selbst, daß der Westen sich einigelte anstatt die Trennlinie zu durchlöchern... Die »Festung Europa«, die ihre Zugbrücken hochklappte...

Eine Welt des Wandels? Daß ich nicht lache.

*

Alternative XVI.

Hier schreibt der Nachwuchs:

Wenn heute die Gedenkstunde beginnt, ist die Chance, den Opfern der Pogrome tatsächlich zu gedenken, längst vertan. Linke und Konservative streiten sich um Form und und Inhalt rechten Gedenkens,

und nun auch noch um den Fall, den das Verb gedenken regiert, aber

der Auftritt Kohls stellt nur die Spitze des Eisbergs dar,

unter dem sich die Zugbrücken einigeln, ist ja gut.

*

Jahr der Schweine

Zwar hat die Zeitschrift »Essen und Trinken« Piwitts Rat, eine Ausgabe für die Dritte Welt unter dem Titel »Hunger und Durst« zu vertreiben, noch nicht befolgt, aber hängengeblieben ist etwas von dieser Idee an der Chefredakteurin Angelika Jahr doch:

Genau ein Jahr ist es her, daß ich an dieser Stelle zum erstenmal von den Kalahari-Trüffeln erzählte. Damals war ich noch skeptisch. Heute bin ich ein Fan. Ein Kalahari-Trüffel-Fan!

Ein Jahr-Jahr hat es gedauert, den skeptischen Angelikajahrikalaharitrüffelmuffel zum Kalaharitrüffelfan fortzubilden. Es war keine verlorene Zeit:

Sie erinnern sich: Seit zwei Jahren gibt es auch bei uns Kalahari-Trüffel. Sie kommen aus Namibia, aus der größten »Trüffelmine« der Welt. Ursprünglich haben die Einwohner Namibias ihre »Diamanten« selbst verspeist. Dann haben einige Farmer die Chance erkannt und den Verkauf der wertvollen Schätze selbst übernommen.

In Namibia scheinen einerseits »Einwohner« und andererseits »Farmer« zu leben. Welches Schwein sucht die Trüffel?

Die Kalahari-Trüffel werden nicht von Trüffelschweinen gesucht und gefunden, sondern von Farmarbeitern,

die ihren Fund an die Eingeborenen von Pöseldorf weitergeben:

Die aufregendsten Gerichte haben wir in diesem Heft für Sie zusammengestellt. Mein persönliches Lieblingsrezept ist die Kartoffelsuppe mit Trüffeln — Sie müssen sie probieren!

Es stellt sich nämlich heraus, daß der Kalaharitrüffelfan zwar skeptisch, aber nicht zynisch ist, sondern bloß von Namibia nicht mehr weiß als von der Feinschmeckerei, und ihre aparte Wahl nur deshalb auf die getrüffelte Kartoffelsuppe fiel, weil sie kalaharigetrüffeltes Burenfrühstück nie probiert hat.

*

Otto Köhler hat dem Würzburger Professor Lothar Bossle in der »Zeit« deutschnationale und antisemitische Tendenzen vorgeworfen. In einem offenen Brief an den Verleger Helmut Schmidt weist Bossle die Vorwürfe zurück:

Sehr geehrter Herr Bundeskanzler,
... da ich keinerlei Hoffnung hege, daß die Chefredaktion der »Zeit« den mir zugefügten Schaden durch einen Versuch des Rufmords wiedergutzumachen bereit ist...

Armer Kerl! Er scheint einer jener Deutschstämmigen zu sein, denen bei der Vertreibung außer drei Flügeln und zwei Fremdsprachen auch die Grammatik abhanden gekommen ist. Vermutlich spielen jetzt irgendwelche Bolschewiken oder Juden damit.

*

Daß Steffi Nummer eins der Weltrangliste geworden ist, spornt auch andere Leistungsträger an:

Joachim Meister ist ein hervorragender Bischof.

Wie ragt man als Bischof hervor? Indem man das Vaterunser in 10,3 betet oder den Rosenkranz über die Vierzig-Meter-Marke wirft? Und zwar ohne Anna Bolika, die bekanntlich unter das Zölibat fällt.

*

Alice Schwarzer berichtet, daß der »Spiegel« sie eine »lesbische Suffragette« genannt habe, und fährt fort:

So weit, so durchsichtig und einfältig. Und so einschüchternd, denn an Schwarzer soll allen Frauen gezeigt werden, was einer passiert, die die Klappe nicht halten kann.

Ich will mal den ganzen Mut, den mir meine Vergangenheit als Feminist der ersten Stunde macht, zusammennehmen: Wer die Klappe nicht halten kann, ist ein Schwätzer oder eine Schwätzerin; die Unbeugsame, die Frau Schwarzer meint, ist eine, die die Klappe nicht halten will, obwohl sie gerade das kann. Schreiben, und also Denken, Alice, ist manchmal fast noch schwerer als Feminismus.

*

Alternative XVII.

Beim Nachwuchs ist Hopfen und Malz, Rahn und Pfleiderer verloren:

Die Ankündigung Gorbatschows eines Truppenabzugs ließ den Kurs des Dollars steigen.

Richtig wäre zuviel verlangt, aber vielleicht geht's beim nächsten Mal so: Die Ankündigung von Gorbatschow seinem Truppenabzug... Das ist zwar auch falsch, aber für die Bedürfnisse der »TAZ«-Klientel genügt's.

*

Die »Bunte Illustrierte« kündigt an:

Franz Xaver Kroetz schreibt exklusiv: So bekam ich mein Baby

Wie ich ihn kenne, wird er es für Burda auch stillen.

*

Theo XV.

Was wäre dem Michail Gorbatschow nicht zu verdenken?

Es wäre Michail Gorbatschow nicht zu verdenken, wenn er keinen Fuß mehr vor die Tore des Kremls setzte. Seine Perestrojka ist in Schwierigkeiten. Der Flickenteppich der sowjetischen Völkervielfalt franst an den Rändern aus. Aber Gorbatschow denkt nicht daran, sich in den Widrigkeiten der sowjetischen Innenpolitik einzukasteln. Er will auswärtige Lasten abschütteln, will Reibungsflächen verringern und Krisenherde ausräumen. Er hat grünes Licht für die institutionelle Anerkennung der Europäischen Gemeinschaft gegeben. Moskau hat im irakisch-iranischen Krieg kein Öl ins Feuer gegossen...

Ganz schön beschäftigt, der Mann. Da darf man sich nicht wundern, wenn er für die kleinen Freuden des Alltags, als da wären: das Verkleben von Fensterritzen, das Anblasen der Winde des Wandels etc., keine Zeit findet und sie dem Erich Honecker überlassen muß:

Seit 27 Jahren ist der Staat der deutschen Kommunisten nach Westen zugemauert. Nun mauert Erich Honecker auch nach Osten. Er dichtet Türen ab und verklebt Fensterritzen: Der Wind des Wandels soll in der DDR keinen Einlaß finden.

Das ist noch mal glimpflich abgegangen — Theo hätte ja auch schreiben können, daß die DDR, ein Staat ohne Lack und Lüster und Perspektive, im Prozeß des Wandels zwischen Kyffhäuser und Kamtschatka nicht als Schwungrad sondern als Hemmschuh funktioniere. Doch, halt, was les' ich da?

Die DDR ist in schlechter Verfassung, ein Staat ohne Lack und Lüster und Perspektive. Darunter haben in erster Linie die Deutschen drüben zu leiden. Doch müssen auch all jene Enttäuschung verspüren, die ihr im Prozeß des Wandels zwischen Kyffhäuser und Kamtschatka die Funktion eines Schwungrads zugetraut hatten. Sie ist zum Hemmschuh geworden,

der den Wind des Wandels zerfranst.

*

Im Ernst, Michael Jürgs, muß das sein?:

Einst konnte man sich noch auf die Verteidigungslinie Genscher zurückziehen, wenn des deutschen Spießers Wundertüte Kohl mal wieder in einem Fettnapf herumtrampelte.

Das muß so? Weil man damit als Chefredakteur der Illustrierten »Stern« einen Sauhaufen Asche abzockt? Tja, dann muß das wohl.

*

Ich weiß ja, daß es komisch zugeht auf der Welt, aber daß der Grafiker Klaus Staeck immer als Mentor der »fortschrittlichen Kulturschaffenden« auftritt, treibt mich noch mal zur Buerlecithin-Flasche:

Die Sozialdemokraten müssen ihre kulturellen Anstrengungen wesentlich verstärken, wenn sie das Vertrauen dieser wichtigen Multiplikato-

ren zurückgewinnen wollen. Es war ein guter Ansatz, die Kultur zum Thema des Münsteraner Parteitags zu machen. Bei der Umsetzung

des Ansatzes, die Kultur zum Thema zu machen,

tritt jedoch noch ein deutlich sichtbares Defizit zutage.

Mehr sagt er nicht. Die kunstvolle Andeutung eines Widerspruchs zwischen dem guten Ansatz, die Kultur zum Thema zu machen, und dem Zutagetreten eines Defizits in Bezug auf die Umsetzung des Ansatzes muß genügen. Jedes weitere Wort wäre zuviel, denn es käme vielleicht heraus, daß in Münster zu wenige Plakate eines Heidelberger Plakatkünstlers ausgestellt wurden und zu viele Musikanten jenes Frankfurter Impresarios Dr. Diether Dehm klampfen durften, der mit Staeck um die Krone des kulturellen Chefberaters der Sozialdemokratie konkurriert und schmerzhaft spürbar der Verfasser eines Aufrufs »Anstoß zum neuen Denken '89« des Vereins »Künstler in Aktion« ist, welcher in dem Satz gipfelt:

Mit neuen Initiativen der Friedensbewegung werden wir die Nato-Alpträume vom Jäger 90, modernisierten Kurzstreckenwaffen und anderen tieffliegenden Wahnsinn verhindern.

Wenn Künstler, anstatt Kunst zu machen, in Aktion treten, kann es leicht passieren, daß sie statt dem Jäger 90 und anderem tieffliegenden Wahnsinn bloß die Alpträume verhindern, welche die Nato plagen. Wie das bei der letzten Nachrüstung schon so prächtig geklappt hat: Zwar kamen die Raketen wie geplant, aber bei den Konzerten, die dagegen veranstaltet wurden, waren alle happy und von Alptraum keine Spur. Staeck würde sagen: Guter Ansatz mit deutlich sichtbarem Defizit beim Umsetzen bzw. Dislozieren.

*

Mit uns zieht die neue Zeit:

Zum Verzicht aufs geliebte Pfeifenrauchen konnte er sich nicht entscheiden — dafür will Björn Engholm aber für sieben Wochen jeglichem Genuß von Süßigkeiten entsagen. Schleswig-Holsteins Ministerpräsident macht bei der evangelischen Fastenaktion »Sieben Wochen ohne...« mit, an der sich nach Angaben von Pastor Hinrich C. G. Westphal eine halbe Million Bürger beteiligen.

Ich mach auch mit und kann mich entscheiden: Sieben Wochen ohne Pfeife und Engholm.

*

Einer der auffälligsten Trottel unter der an dieser Spezies nicht armen deutschen Professorenschaft ist doch der Karl Kaiser, der seine Gemeinschaftskunde-Weisheiten mit einem Gestus abzuliefern pflegt, als habe er gerade den Faust geschrieben. Wenn er entdeckt, daß die Amis sich nicht freiwillig aus Europa zurückziehen werden, macht er das so:

Und schließlich ist auch von den Vereinigten Staaten nicht zu erwarten, daß sie eine Haltung einnehmen, die der Aufgabe eines wesentlichen Teils ihrer Stellung als Weltmacht gleichkommt und die Büchse der Pandora europäischer Instabilität öffnet.

Goethe und Wedekind, aber auch schlichtere Schweinigel haben sich gefragt, welche Übel, den Menschen zu stiften Not, Jammer und Plage, Pandora aus ihrer Büchse gelassen habe. Auf »europäische Instabilität« ist keiner gekommen. Man sieht, wozu ein solcher Professor denn doch gut ist.

*

In der »Frankfurter Rundschau« nennt der Karsten Plog, der auch schon auf die Rente zuschreibt, die Herren Ebermann und Trampert:

Altfundis

Er sollte sich die Dosierungsvorschriften auf der Tai-Ginseng-Packung noch mal durchlesen. Noch ein Löffelchen zuviel und es näßt an den Bündchen.

*

Orale Indikation

Alle waren wieder mal dafür: natürlich der Karsten Voigt und der Müller-Westernhagen, der Klaus Lage und der Conradi, der Werner Schneyder und der Hark Bohm, der von der Grün und der Cohn-Bendit, der André Heller und der Freimut Duve, aber doch auch der Venske, der Maeffert, der Piwitt, der Ebermann — und bloß ich war wieder mal dagegen, den Aufruf zu unterschreiben, der dann im »Stern« erscheinen sollte:

Männer bekennen: Wir waren an einer Abtreibung beteiligt. Wir sind genauso verantwortlich für Verhütung wie die Frauen. Wir sind mitverantwortlich für das gesellschaftliche Klima, in dem Frauen, die eine Schwangerschaft abbrechen wollen, eingeschüchtert, bedroht und verfolgt werden. Wir waren selbst an einer ungewollten Schwangerschaft beteiligt und haben die Entscheidung der Frau für eine Abtreibung respektiert und mitgetragen. Schafft den Paragraphen 218 ab!

Den Schlußsatz hätte ich ja unterschrieben — aber: »Wir waren selbst an einer ungewollten Schwangerschaft beteiligt und haben die Entscheidung der Frau für eine Abtreibung respektiert und mitgetragen«? Ist das nicht eine etwas zu euphemistische Darstellung des Problems, das Männer mit ungewollten Schwangerschaften immer hatten und haben, und welches vorzüglich darin besteht, wie sie ihre Freundin, Geliebte oder Sekretärin zum erlösenden Eingriff überreden könnten? Ich jedenfalls erinnere mich sehr gut an Dialoge der Art: Läßt sie's denn nun wegmachen? — Ja. — Mensch, da hast du noch mal Schwein gehabt. Seltener gehört: Will sie's abtreiben lassen? — Ja, und schweren Herzens werde ich es mittragen und respektieren.

*

Alternative XVIII.

In einem Interview mit der »Tageszeitung« über die Ressortverteilung im rosagrünen Westberliner Senat klagte die Abgeordnete Renate Künast:

Was uns schmerzt, ist der Verkehr.

Ein Stoßseufzer.

*

Alternative XIX.

Zur 11. Ordentlichen Bundesversammlung der Grünen hat deren Kreisverband Diepholz einen Antrag auf Satzungsänderung gestellt:

Die ländliche/flächen Kreisverbände haben große organisatorische Nachteile gegenüber die Großstadt Kreis- und Landesverbände. Ihren Einfluß entspricht durch die jetzige Regelung keineswegs ihr Wichtigkeit in der politischen Arbeit... Ein weiterer Grund sehen wir in den Paritätsbeschluß, der in den kleineren Kreisverbänden turnusgemäß dazu führt, daß die Hälfte unserer Mitglieder jeweils nicht gewählt werden sollten nach dem Motto: Letztes Mal eine Frau diesmal einen Mann oder umgekehrt.

Komma her, kleines Kreisverband Diepholz, du gefällst mir. Aber so du mit deine Antrag bei die Großstadt Verbände werden wollen was, du sollen den Idiom von ostafrikanisches Asylbewerber vermeidet sein, weil konsumfreudiges Citoyen darauf lachen oder letztes Mal umgekehrt.

*

Noch einmal wird der Meinungsdreck sakral umorgelt:

Die Sendereihe »Musikalische Meditationen« des Schweizer Fernsehens verknüpft auf ungewöhnliche Weise kirchenmusikalische Chorwerke mit engagierten Texten von Dorothee Sölle, Günter Wallraff, Luise Rinser und Hans Küng. Vier renommierte Autoren setzen Kontrapunkte gegen das selbstzerstörerische Prinzip unserer modernen Gesellschaft, verlangen radikale Umkehr. Rechtzeitig zur Zweitausstrahlung der »Musikalischen Meditationen« erscheint das langerwartete Begleitbuch »Wer hat dich so geschlagen?«

Einer der vier renommierten EvangelistInnen, glaub ich, weiß es wie kein anderer, kennt das selbstzerstörerische Prinzip aus dem ff und erinnert sich schmerzlich an den Kontrapunkt. Damals hat er bloß in die moderne Gesellschaft gerufen: »Ich verlange einen Tintentest!«, jetzt verlangt er radikale Umkehr, lang erwartet, aber rechtzeitig zur Zweitausstrahlung:

In jeder Sendung wird auf das Buch hingewiesen. Bestellungen mit Reiserabatt jetzt über unsere Vertreter und Auslieferungen. Jeder Sendung liegt ein Streifenplakat bei.

Ach, zählte man doch auch zu den renommierten engagierten Gläubigen! Absahnen könnt man, bzw. ernten, wo man nicht gesät hat (Lukas 19, 21), daß es Esau graust.

*

Dr. Ernst-Gerhard Erdmann, Hauptgeschäftsführer der Bundesvereinigung der Deutschen Arbeitgeberverbände, sprach auf einer »Fachtagung« über »personen- und verhaltensbedingte Kündigung«:

Da eine Wechselwirkung zwischen dem Status der Arbeitsplatzbesitzer und den Chancen der Arbeitslosen bestehe, trage ein übersteigerter Schutzzaun für den Bestand der Arbeitsverhältnisse erheblich dazu bei, die Fähigkeit und Bereitschaft der Unternehmer zu Einstellungen zu verringern.

Die deutschen Unternehmer sind empfindsam geworden. Früher haben sie auf die übersteigerten Schutzzäune einfach »Arbeit macht frei« schreiben lassen.

*

Volker Hauff, Oberbürgermeister der Goethestadt Frankfurt, hat für den »Spiegel« ein Buch besprochen und einen Dichter zitiert:

»Die Wahrheit ist immer konkret.« Das stammt nicht von Benn, sondern von Brecht, den Theweleit, ein 68er, in seinem vor zwölf Jahren erschienenen Erstling »Männerphantasien« noch als einen seltenen »nichtfaschistischen, schöpferischen Mann« bezeichnete. Aber das ist zwölf Jahre her.

Die konkrete Wahrheit ist, daß Wladimir Iljitsch Lenin den Satz von der Wahrheit, die immer konkret sei, bei Brecht geklaut und in sein Pamphlet »Ein Schritt vorwärts, zwei Schritte zurück« hineingeschrieben hat. Aber das ist noch länger her und der Plagiator ein Mann, den im »Spiegel« nichtfaschistisch und schöpferisch zu nennen der Volker Hauff, ein alter Sechsundsechziger, sich dreimal überlegte, um es dann zu lassen.

*

Aus Küche und Besenkammer

Das »Atlantic Hotel Kempinski Hamburg« lädt zur »Alster-Tafel« in den »Alster-Salon«, wo zum Preise von 69 Mark Köstlichkeiten serviert werden:

2. November
»Das elfte Gebot: Humor und Ethik«
Professor Dr. Rudolf Haas
Taubenbrüstchen auf Lauchzwiebeln mit Speck und Croutons
Loup de mer auf Kräuterbett gebraten
Tournedos mit Mark und Kräutern überbacken, verschiedene Brötchen, kleine Kartoffelpuffer
Limonenparfait mit marinierten Erdbeeren

7. Dezember
»Reproduktionsmedizin im Spannungsfeld zwischen Moral, Ethik und Recht«
Professor Dr. Gerhard Bettendorf, Universitäts-Frauenklinik, Hamburg
Zucchinicrème mit Jakobsmuscheln
Gänseleber gebraten auf Apfelstew und Trüffelsauce
Hirschrückenfilet mit Pilzen in Strudel, Sauerrahmsauce, Rotkohlflan, gebackene Dattel
Mandarinenparfait mit Walnußsauce und warmem Butterkuchen

11. Januar
»Praktische Naturphilosophie in der Umweltkrise«
Professor Dr. Klaus-Michael Meyer-Abich
Loire Wachtel mit Gänseleber gefüllt
Flan von Romanesko auf Sauce Mousselin
Kalbsmedaillon mit Honig-Limonensauce
Birnenstrudel mit Williams-Sabayone und Pralineneis

1. Februar
»Die politische und ethische Legitimation der Sicherheitspolitik«
Generalleutnant Jörn Söder, Kommandierender General
Fasanenterrine mit Morcheln und Selleriesalat
Steinbuttfilet und Hummer in ihren Saucen
Lammrücken mit Kräutern überbacken, Rosenkohlflan mit geschmolzener Tomate
Drei Sorbets

Der General spricht über Ethik, aber statt einem Wecker kommt kein Goi mit einem Horn, auch nicht die Wirtin mit Pichelsteiner, Gaisburger Marsch und Orchestertorte (Zwiebelkuchen), sondern ein Ober mit dem Hummer in seiner (wessen?) Sauce. Ein Fehlgriff der Küche, die geschmackssicher genug war, zu Reproduktionsmedizin im Spannungsfeld zwischen Moral, Ethik und Recht die Zucchinicrème mit Jacobsmuscheln anzurichten und nicht etwa Loire Wachteln mit Gänseleber gefüllt, die eben nur zur praktischen Naturphilosophie in der Umweltkrise passen wie die Honig-Limonensauce zum Schlips von Professor-Doktor Klaus-Michael Meyer-Abich. Die Scharte sollte ausgewetzt werden am Tag, als der Regen kam, nämlich der Hamburger Sommer. Was bot sich da nicht an?: Kraftbrühe Marion mit eingemachter Pflaume, Stockfisch-Püree Hausfrauenart auf Salat Pis en lit in Tropfbier-Vinaigrette (nach Siebeck), Kalbskopf mit Tartarensauce im lauwarmen Windbeutel Hindukusch, Soufflé von kaltem Käse mit Zimtparfait, Quarksorbet auf Fallobst Auditoire. Sie aber gingen grübelnd hin und her, bis sie die peripathetische Annonce abgeschmackt hatten:

1. März
»Journalistische Ethik heute«
Dr. Theo Sommer, Chefredakteur Zeitverlag Gerd Bucerius KG, Hamburg
Carpaccio von Jacobsmuscheln mit Pampelmuse und rotem Pfeffer
Gefüllter Lachs in Hummersauce mit Perigord Trüffel
Kalbsfilet in Blätterteig, Morchelrahmsauce, tournierte Gemüse, Mandelbällchen
Vanille-Eisbömbchen mit Pfirsich, Mandelhippe und Grand Marnier Sabayone

Mit einem Wort: vermasselt. Muß wohl daran liegen, daß Tränen zwar lügen, aber Köche nicht lesen — ein

Blick auf Seite 1 der »Zeit« und es wäre ihnen wie Schuppen vom gefüllten Lachs in die Hummersauce mit Perigord Trüffel gefallen:

Wie fest sitzt Michail Gorbatschow im Sattel? Die Frage wird im Westen gestellt, seit der Bauernsohn aus dem Kaukasus im Kreml die Zügel in die Hand nahm. Doch mittlerweile ist er, allen Unkenrufen zum Trotz, vier Jahre im Amt. Die Kreml-Forscher haben die Galgenfrist, die sie ihm einräumten, Mal um Mal verlängern müssen... Wie ernst ist es Gorbatschow mit seiner Reform an Haupt und Gliedern?

Ernster als der Cuisine des Atlantic Hotels Kempinski Hamburg mit ihrem Menu zum Nouveau Journalisme, in dem keine der Anregungen den Niederschlag gefunden hat, den jeder Hamburger Sommer so reichlich bietet: Snuten un Poten vom Reformhausschwein, kaukasische Pferdewurst, Froschschenkel à la ficelle (Unkenglieder am Galgenstrick). Alles muß man selber kochen.

*

Der Bundeskanzler hat gesagt:

Wir nehmen unsere Geschichte ohne Wenn und Aber an,

und sein Presseonkel hat, die Ehrung der Gräber von SS-Leuten betreffend, hinzugefügt:

Ein Volk verträgt es nur schwer, unversöhnt mit den Toten zu leben.

Doch wenn ich euch jetzt hinterfrage, auf welchem Bio-Acker dieser Klein-Kohl vom Annehmen und vom Unversöhnten ohne Wenn und Aber gewachsen ist, seid ihr bloß wieder echt betroffen bzw. sauer.

*

Alternative XX.

Redaktionsschluß ist am Sonntag um 18 Uhr 30, die erste Hochrechnung gibt's um 18 Uhr 10. Wer am Montagfrüh einen Kommentar zum Wahlausgang im Blatt haben will, muß vorsorgen. In größeren Redaktionen werden zwei oder drei Mitarbeiter beauftragt, die jeweils möglichen Wahlergebnisse zu kommentieren: einen Sieg der Regierungsparteien, einen der Opposition, ein Patt. Der Kommentar, der dem tatsächlichen Ergebnis am nächsten kommt, wird schließlich aktualisiert — aus dem »erwartet klaren« Sieg wird ein »unerwartet knapper«, aus dem »seriösen« Wahlkampf ein »lahmer« — und gedruckt. Kleinere Zeitungen müssen sparen und sich auf die prognostischen Fähigkeiten ihres Chefkommentators verlassen, etwa des Klaus Hartung, der genau wußte, wie es ausgeht:

Eine Niederlage des kontaktgehemmten Paars SPD/AL, eine Rebellion gegen das depressive Beschwören der richtigen Inhalte, ein Triumph des blassen Regierenden...

Was aber tut der Wähler? Er macht sein Kreuzchen an der Stelle, die der Hartung nicht vorgesehen hatte. In der Redaktion der »Tageszeitung« bricht Panik aus, Klaus muß aktualisieren. Er aktualisiert:

Eine Wahl und eine Abwahl, ein Triumph des kontaktgehemmten Paars SPD/AL und eine Niederlage der Parteien insgesamt. Regierungswechsel, Rebellion des Wählers gegen eine blasse Vereinnahme des Regierenden und gegen das depressive Beschwören der richtigen Inhalte...

Jetzt haben auch bei ihm die anderen gewonnen, und doch sind das kontaktgehemmte Paar, das depressive Beschwören der richtigen Inhalte und also alle am Vortage mühsam erschwitzten, schwer geistreichen Formulierungen gerettet, uff.

*

Alternative XXI.

Charlotte Wiedemann ist eine Journalistin, die ihre Meldungen auch ohne gröbere Zwischenfälle zu Papier bringen kann. Schreibt sie aber für jene Rubrik der Zeitung, die dem Hartung gebührt, kommt sie unter den genius loci:

Vor allem diese drei Elemente machen den Hintergrund der Modernisierungsdiskussion aus. Sie verzahnen sich dabei auf widersprüchliche Weise: Einerseits ist die Herausbildung eines europäischen Pfeilers... erwünscht, andererseits sägt dieser Prozeß an der US-Hegemonie.

Wer sägt? Der Prozeß der widersprüchlich um den Pfeiler verzahnten Elemente. Das leuchtet ein.

*

Der Preisträger

Der Verleger des Hermann Löns soll seinem Autor eines Tages einen Gedichtband von Rilke auf den Schreibtisch gepackt haben mit den Worten: »Sowas, Meister, müßten wir auch mal haben!« Aber ich schweife ab. Zum fünfundzwanzigjährigen »Berufsjubiläum« des Dichters hat der »Buchreport« dem Günter Wallraff die Frage gestellt:

Wie wäre es einmal mit einem Roman?

Da haben sie aber nicht mit seiner Bescheidenheit gerechnet:

Ich stehe einem Roman prinzipiell nicht ablehnend gegenüber. Aber zunächst will ich meine Arbeit in der gewohnten Weise fortsetzen.

Eigentlich schade. Doch er hat, auch wenn er mir nicht damit droht, einen Roman schreiben zu müssen, noch Träume:

Ich träume immer davon, eine Rolle zu finden, mit der ich identisch werde.

Wie wär's mit Buchbinder?

*

In Frankfurt haben Neonazis die Karl Marx-Buchhandlung angezündet. Buchhändler und Verleger wollten dagegen demonstrieren. Im Verlauf der Ereignisse begab sich auch dieses:

Auf einer Pressekonferenz wandten sich insbesondere der Frankfurter Multikulturdezernent Dany Cohn-Bendit und K. D. Wolff vom Verlag »Roter Stern« gegen jegliche Zensur. Diese libertäre Geisteshaltung bedeute zwangsläufig auch die Akzeptanz rechtsradikaler Bücher und Publikationen. Man müsse auch für eine Aufhebung des Verbots von Hitlers »Mein Kampf« eintreten.

Daß das erste, was einem zum Brandanschlag auf eine Karl Marx-Buchhandlung einfällt, die Forderung nach Aufhebung des Verbots von Hitlers »Mein Kampf« ist, kann man libertäre Geisteshaltung nennen. Auch mir bleibt schließlich nichts übrig, als mich dieser Bezeichnung anzuschließen, denn alle andern, die mir dazu einfallen, werden zu teuer.

*

In der Anzeigen-Beilage der »Zeit« füllt ein M. Horx den knappen, aber als anzeigenfreundliches Umfeld verkauften Raum:

Wie viele aus ihrer Generation, die für die Achtundsechziger-Revolte zu jung, für den Punk aber zu alt waren, hat Adrienne Göhler zur Frage der Berufsidentität stets ein gebrochenes Verhältnis gehabt.

Sie hat nämlich, wie die Göhler und ich wissen und ohne Anrufung eines mittleren Mythos und einer Musikrichtung sagen würden: nex gscheits glernt.

*

»Das größte Insekt ist der Elefant«: Liebhaber des Genres nennen sie Gallettiana — Sätze, in denen das Evidente dem Absurden die Klinke ins Auge drückt. Der Professor Galletti (1750 bis 1828) war zwar nicht der Erfinder, aber einer der größten Meister dieser Kunst: »Wenn Caesar nicht den Rubikon überschritten hätte«, sinnierte er, »läßt sich gar nicht sagen, wo er noch hingekommen wäre.« Oder:

Ob ohne Lenin die Russische Revolution, ist nicht absolut sicher; ohne Lenin aber vielleicht, sehr vielleicht, kein Gorbatschow in Bonn.

Das ist freilich von einem Schüler Gallettis, dem begabtesten unserer Tage, ja man sagt sich ein ums andre Mal, ob ohne Rudolf Augstein der »Spiegel«, ist nicht absolut sicher; ohne Augstein aber vielleicht, sehr vielleicht, kein Bier auf Hawaii.

*

Der Volontär lernt, daß »Hund beißt Mann« keine Meldung ist und erst »Mann beißt Hund« den journalistischen Braten fett macht. Was aber tun, wenn nur der Hund gebissen hat und 575 Passagiere eines Schiffes nicht ertrunken sind? Das »Hamburger Abendblatt« rettet, was zu retten ist:

Das Drama im Packeis — Knirschen, dumpfer Schlag, dann heulten die Sirenen — Kreuzfahrtschiff »Maxim Gorki« kollidierte mit Eisberg und drohte zu sinken

Schließlich, ganz kleinlaut:

Alle 575 Passagiere gerettet

Die Schlagzeile auch. Zwischen den Zeilen: »Kein Drama im Packeis: 575 Passagiere nicht ertrunken« hätten die Leser die journalistische Betroffenheit herausgelesen: leider.

*

Alternative XXII.

Warum bloß kommen die Bemühungen der »Tageszeitung« um Professionalität nicht so recht voran, obwohl sie sich doch alle Mühe gibt, zum Nachbarn in der Westberliner Kochstraße aufzuschließen? Beispielsweise auf diese Art:

Ayatollah Khomeini, Herrscher über den Iran und die Schiiten, ist zur Hölle gefahren.

Das lehrt uns, daß in der Nachrichtenredaktion ein des Lesens und Abschreibens kundiger Kollege sitzt, der einmal Enzensbergers »Rafael Trujillo, Bildnis eines Landesvaters« gelesen hat:

Der Wohltäter des Vaterlandes, der Ehrenwerte Präsident, der Paladin der Demokratie, der Erste Arzt der Republik... , Seine Exzellenz der Generalissimus Professor Dr. h. c. (Pittsburg) Dr. h. c. Dr. h. c. Dr. h.c. Dr. h. c. Dr. h. c. Rafael Léonidas Trujillo Molina, war endlich im Straßengraben verreckt.

Es ist zwar gut abgeschrieben immer noch besser als schlecht ausgedacht, aber der kurze alternative Prozeß macht, daß die Spannung, die Enzensberger durch die schier endlose (und hier auf einen Bruchteil verkürzte) Aufzählung aller Ämter und Ehrennamen erzeugt, dem Plagiat verloren geht. Der doppelte Fluch: daß herumliegende Bildungsbrocken auch noch den erstrebten Aufstieg zur Höhe der »Bild«-Redaktion blockieren. Dieser war zum selben Ereignis dieselbe christliche Idee gekommen:

Khomeini tot — Kommt so ein Mensch in den Himmel?

Welche Meisterschaft! Welch Gefälle! Hier die große Frage, die noch den grünen Reli-Lehrer aufwühlt — dort die platte Antwort, die keinem ökumenischen Fürbitter die eingeschlafenen Knie weckt. Die »Tageszeitung« sei umgezogen, heißt es, in ein Haus direkt gegenüber der Springer-Zentrale. Wenn ihr Personal, nachdem es in Politik die Mittlere Reife abgelegt hat, auch fachlich den letzten Schliff kriegen will, hat es sich beim Umzug in der Straßenseite vertan.

*

Theo XVI.

Der Eilige der letzten Tage hat sein Endzeit-Oeuvre um ein weiteres Apokalypschen bereichert:

Beben im Fünfeck der Mächte — Vor einem knappen halben Jahr schien die Welt noch in Ordnung. Die beiden kommunistischen Großmächte Rußland und China kämpften sich auf dem Weg der Reform voran. Die Europäische Gemeinschaft strebte dem Jahr 1992 entgegen wie Steffi Graf dem nächsten Grand-Slam-Sieg: mit muskulösem Selbstbewußtsein. Japan dachte intensiv darüber nach... In Washington stand George Bush an der Schwelle des Weißen Hauses...

Aber dann hat Steffi in Paris verloren, und:

Nun bebt China; Rußland zittert; Europa zetert; Japan fault; Amerika lahmt. Keine schönen Aussichten.

Alles rennet, rettet, flüchtet, taghell ist die Nacht gelichtet, leergebrannt die Stätte, in den öden Fensterhöhlen wohnt das Grauen, Kinder jammern, Mütter irren, wehe wenn sie losgelassen, denn die Elemente hassen das Gebild der Menschenhand. Ob das Schillern seiner Metaphern daher rührt, daß er als Kind kräftig ein paar an die Glocke gekriegt hat? Ob er doch trinkt? Obwohl die Klassiker doch gewarnt haben: Es gibt kein richtiges Leben in Flaschen.

*

Alternative XXIII.

Es nahen die, die die, die die Wiese betreten, anzeigen und dafür eine Belohnung erwarten:

Jene aber, die alle, die eine grundsätzliche Änderung der Haftbedingungen wollen, zu zwingen versuchen, in ein Unisono unter Stimmführung der Gefangenen einzutreten, treten mit verkehrten Gefühlen an den selbstgezogenen Kreidekreis.

Ob hier auf den Gefangenenchor aus Brechts »Ossobuco« angespielt wird? Kaukasus bebt, Stammheim zittert? Falsch getippt: Nicht jeder Schmierer heißt Theo. Dieser hier heißt Joscha.

*

Die sozialdemokratische Betriebsnudel Duve, die von mir schon so viel («Freimut statt Sozialismus«) zu erleiden hatte, hat auch mal ein Hartweizenkorn gefunden. In der »Hamburger Morgenpost« schloß der Abgeordnete seine »Tips für Hamburg« mit einer Sottise, die ich ihm nicht zugetraut hätte:

Ach, ja — und essen gehen... Also nach allem Tagesgeschäft ein Glas im »Dorf« (an der Langen Reihe), eine Nudel bei »Cuneo« (an der Reeperbahn), vielleicht sitzt Gremliza ja da und erklärt der Nudel die Welt.

Das sitzt. Tatsächlich habe ich vor Jahren, als pädagogischer Eros mich noch bis in den späten Abend plagte, bei

»Cuneo« dem sozialdemokratischen Kulturpolitiker die Welt als Willy und Vorschulreform so heftig zu erklären versucht, daß die Nudel ihre Maccheroni al Craxi untern Arm nahm und an einen anderen Tisch des Betriebs zog, wozu, wenn ich mich nicht richtig erinnere, die legendäre Musicbox ein ...za ja da, er liebt mich nicht, ich lieb ihn nicht, intonierte. Die Welt ist klein.

*

Die Friedrich Naumann-Stiftung lädt ein:
Zweihundert Jahre Französische Revolution, vierzig Jahre Grundgesetz — 1989 ist das Jubiläumsjahr der Freiheit. Aber Freiheit, was ist das nun eigentlich? Was sagt der Historiker zum Stichwort Freiheit, was der Jurist? Was passiert, wenn Freiheitsrechte in Konflikt geraten und jedem Einzelnen von uns eine Entscheidung abverlangen? Man denke nur an den umstrittenen Scorsese-Film »Die letzte Versuchung Christi« oder an den stark emotionalisierten Bereich »Gentechnologie«. All das wird ein Thema sein, wird zur Sprache kommen,
wenn Birgit Kröhle die Herren Dr. Fritz Fliszar, Vorsitzender Geschäftsführer, Prof. Dr. Hartwig Brandt, Dr. Peter Hasenberg, katholische Filmkommission, Prof. Dr. Hans W. Michelmann, Universität Göttingen, AG Reproduktionsmedizin, Prof. Dr. Friedrich Schnapp sowie zwei titellose Bürgerliche, Steffen Wolf und Hans-Joachim Noack, moderiert. Ich bin der Friedrich Naumann-Stiftung für die Einladung dankbar: Man weiß doch gern, was man nicht versäumt, und ich fühle förmlich, wie ich durch den Schaden, daß ich nun nie erfahren werde, was das eigentlich ist, Freiheit, und was passiert, wenn Freiheitsrechte in Konflikt geraten, klug zu werden beginne.

*

Ende letzten Jahres sandte mir ein Leser einen Ausschnitt aus der »Frankfurter Allgemeinen« zu und bat mich um Übersetzung. Immer wieder habe ich mich daran versucht, immer wieder die erbetene Arbeit abgebrochen, weil ich mit keinem Wörterbuch den Inhalt dieses Satzes entschlüsseln konnte:

Die Verzahnung der verschiedenen Systeme nimmt immer mehr zu, und der siamesische Zwilling ist nicht der Vater des Gedankens, sondern das Kind einer unzüchtigen Beziehung gegenseitiger Erpressung.

Wer hilft? Vielleicht ist ja der Name des Autors (Sascha Anderson) gar kein Pseudonym; vielleicht weiß die Arbeitsgemeinschaft 13. August nicht nur, wann er, wegen oppositioneller Betätigung, versteht sich, aus dem Schriftstellerverband der DDR ausgeschlossen wurde, sondern auch wo er wohnt, etwa in Bergen-Enkheim? Kenner bitte melden! Ich möchte nicht als einäugiger Zwilling in die Traufe der Zeit beißen, bevor mir einer erklärt hat, warum gegenseitige Erpressung in Inzucht ein siamesisches Kind gezeugt hat, das den falschen Eindruck zu erwecken versuchte, es sei der Vater des verzahnten Gedankens. Unter Kennwort: Quark aus der Mark.

*

Haben Sie mal die Namen und Adressen der Leute gelesen, die Leserbriefe an die deutsche Tageszeitung »Die Welt« schreiben? Am selben Tag:

Hermi Spithaler, Düren
Hans Dietrich Mittorp, Baden-Baden
Rolf W. Peter, Herne
Hubert Knecht, Wald-Michelbach
Dr. Peter Broers, Bonn 1

Eva Becker, Wuppertal 2
Dr. Jörg B. Bilke, Bonn
Dr. Erich Lippok, Jandelsbrunn
W. R. Thorwirth, Gummersbach
Walter Maschke, Bonn

Hm, was lehrt das? Vielleicht soviel: Den »Marat« könnte man mit dieser Liste nicht besetzen.

*

Der »Friebe Luftfahrt-Bedarf« aus Mannheim macht ein »SuperAngebot«:

Überschattet von einem allen bekannten tragischen Ereignis — die Airshow Ramstein am 28. August 1988. Durch diese Tragödie geht die Ramstein Ära nun zu Ende. Dennoch wurde auch dieses Jahr ein Ramstein-Video produziert, denn die fliegerischen Leistungen der anderen Piloten waren hervorragend. Sie sehen die komplette Flugshow sowie Raritäten aus dem Static-Display. Die schrecklichen Folgen des Unfalls werden nicht gezeigt, die Reportage endet mit dem Zusammenstoß und dem Absturz. Abschluß des Filmes ist eine anschauliche Trick-Grafik sowie Zeitlupenbilder von dem Zusammenstoß, die von dem Team-Leader einer bekannten Kunstflug-Staffel erläutert werden.

Raritäten aus der Anatomie-Station werden nicht gezeigt, nicht einmal Trick-Grafiken aus dem Anschauhaus, aber ich verstehe jetzt, was Helmut Kohl meinte, als er sagte:

Wir nehmen unsere Geschichte ohne Wenn und Aber an — mit ihren großartigen, aber auch mit ihren schrecklichen Seiten,

nämlich den bekannten tragischen Ereignissen, deren Folgen nicht gezeigt werden, weil sie nichts an den hervorragenden Leistungen ändern, die der Team-Leader erläutert.

*

Alternative XXIV.

Der Reporter der »Tageszeitung« hat

das Ohr am Puls der Massen,

die Hand in der Tür und den Fuß am Abzug. In dieser Haltung bleibt ihm gar nichts anderes übrig, als über Kritik den Nabel zu rümpfen.

*

Klaus Leggewie, den einen großen Vaterlandsverteidiger zu nennen ich nur deshalb zögere, weil seine Sprache mich rätseln läßt, um welches Vaterland es sich handeln könnte, liebt dennoch Deutschland:

Die Gesteinsformation Deutschlands erscheint wieder unter der dünnen Grasnarbe Bundesrepublik...; wer jedoch Deutschland liebt,

Ich nicht

der will auch starke Konservative, teutonische Tories ohne Vergangenheitsgedusel und mit (Groß-)Machtvisionen.

Wie er wohl meint, was er nicht sagen kann? Sollen die teutonischen Tories, die man auch mal kennenlernen möchte, nicht mehr vom Führer träumen oder nicht mehr an Auschwitz denken? Will er sie mit Großmachtvisionen oder mit ohne? Ach was: Ein Deutscher denkt fürbaß.

*

Vom Raddatz VI.

Enttäuscht von der Kunst, die immer nicht so gewesen sein will, wie er sie beschreibt, wirft er sich auf die Politik. Auch er will Deutschland wiedervereinigen:

Wir sind ja nun alle so schrecklich kosmopolitisch und wissen: Der Martini im Rainbow Room des Rockefeller-Center ist der beste, die Kacheln an dieser einen Pforte von Fez die schönsten und wer in Harry's Bar in Venedig oben statt unten zum Essen plaziert wird, muß sich erschießen. Ja ja. Nein nein. Es wäscht mein Herz nicht... Warum muß ich mich eigentlich schämen, wenn ich zugebe: Die Salzluft von Hiddensee oder das trockene Knarren der Fichten in der Mark Brandenburg, das silbrige Flirren über dem Schilf Mecklenburgischer Seen — das ist auch ein Teil von mir. Da nistet ein Quentchen Glück.

Was aber nützte uns, die wir in Harry's Bar nicht mal oben plaziert würden und denen in der Salzluft von Hiddensee bloß die ungewaschenen mythischen Schweißfüße dieses Herzchens in die Nase stächen, die Wiedervereinigung? Macht nicht das Bewußtsein, ihn mit dieser Kachel zu teilen, sogar den Kosmos zu eng?

*

Love Story

Ob die Frauenzeitschrift »Emma« ihr Editorial tatsächlich dem Versuch widmet, die These vom physiologisch bedingten Schwachsinn des Weibes wiederzubeleben?

Liebe Frauen, seit kurzem schwebt Margitta Hösel ganz verträumt durch die Redaktionsräume. Verliebt? Richtig geraten. »Ich liebe diesen Computer«, seufzt Margitta. Denn das »Büro der Herausgeberin« produziert neuerdings nur noch makellose Manuskripte, formvollendete Briefe, übersichtliche Protokolle etcetera. In der gesamten »Emma« ist seit dem 24. Juli, 11 Uhr, ein neues Zeitalter angebrochen: das elektronische. Eingeläutet wurde es von unserer Vertriebsfrau und EDV-Spezialistin Brigitta Lange, die Hard- und Software passend ausgesucht hat. Brigitta kennt das System, jongliert mit Disketten, bringt den Drucker zum Drucken und räumt den Datei-Salat auf.

Und wienert die Festplatte mit MS-DOS. Die »Emma«-Frauen gehen derweil auf den elektronischen Swutsch:

Zu ihrem PC, ihrem »Personal Computer«, hat jede »Emma«-Frau bereits ihr jeweils ganz persönliches Verhältnis entwickelt. Monika Glöcklhofer, zum Beispiel: »Am ersten Schulungstag war mir alles viel zu abstrakt. Ich fand einfach keinen Zugang zu dem Ganzen.« Aber inzwischen hat's bei ihr geschnackelt: »Alles geht jetzt schneller im Verlag...« Als alte Computer-Hasen, die schon zu Hause mit ihren ganz persönlichen PCs geübt hatten, erwiesen sich Chefin vom Dienst Susanne Aeckerle und Redakteurin Judith Rauch. Und Allroundfrau Ulrike Thies lernte ihren Computer so schnell zu beherrschen wie sie neuerdings das Surfbrett dirigiert.

Und was macht, da es um die persönlichen Personal-Computer herum seufzt, schwebt, jongliert und schnackelt, daß das abstrakte Zeitalter sich allround lacht, die Verfasserin dieser holden Mitteilungen? Sie steht da wie die Störchin im Datei-Salat:

Nur eine macht nicht mit beim neuen EDV-Gefühl: Alice Schwarzer. »Die Gräfin Dönhoff schreibt heute noch alle Texte von Hand«, bemüht sie ihr großes Vorbild. »Dann darf ich doch wohl bei meiner Schreibmaschine bleiben.«

Nicht wenn's nach mir ginge. Computer immerhin, wenn es ihnen zu dumm wird, stürzen auch mal ab.

*

Was aber das große Vorbild, die Gräfin Dönhoff, alles mit der Hand macht, läßt weniger den Gebrauch einer Schreibmaschine vermissen als den eines Papierkorbs:

Da hatte Karl Marx vor 150 Jahren — wie seine Adepten seither und bisher — wirklich geglaubt, wenn die Menschheit seinen Ideen nachlebe, werde sie einen Endzustand paradiesischer Harmonie erreichen.

Seither und bisher und die Jahreszahl: alles falsch und dumm. Aber von Hand.

*

Return to Sender

Der Westberliner Verleger Dieter Mink schreibt mir:

Anbei ein Rezensionsexemplar des dritten Buches von Paul Geiersbach: »Warten bis die Züge wieder fahren.«
Ich hoffe, Sie lesen das Buch — trotz des Vorworts von Günter Wallraff, es verdient sicher mehr — mit Interesse und bringen eine Besprechung in KONKRET. Zu einer kurzen Prüfung verweisen wir auf das Nachwort des Autors,

nachdem wir auf das Vorwort schon verwiesen haben, das zwar, wir geben's zu, nichts taugt, weil es von Wallraff ist, das wir aber gedruckt haben, weil es nichts taugt, aber von Wallraff ist. Ich wollte, es würde Nacht oder die Motten kämen. Aber es kommt nur der Max B. Ullmann von Martinis Medien Marketing:

Guten Tag, sehr geehrter Herr Gremliza, die Zielgruppe des von Ihnen ausgeschriebenen Preises sind die Journalisten, vorzugsweise jene, die besonders interessiert an ausgeschriebenen Preisen sind. Den umfassendsten Überblick gewinnen diese Kollegen aus dem Journalisten Jahrbuch, das seit langem im Zwei Jahre-Turnus Preise und Stipendien zusammenfaßt... Ich lade Sie deshalb heute ein, die Zielgruppe Journalisten mit einer Anzeige im nächsten Journalisten Jahrbuch gezielt und preisgünstig anzusprechen...

Sir Arthur Wellesley, Herzog von Wellington (stürzt sich in seinen Säbel): Scheiß Waterloo! Der Nächste, bitte:

Sehr geehrter Herr Gremliza, zunächst möchte ich mich vorstellen: Mein Name ist Michael Hopp, ich bin Österreicher, leitete dort die Magazine »Wiener« und »Cash Flow«, schrieb eine Zeit lang für »Tempo« in Hamburg und habe nun seit 1. August die Chefredaktion der »Männer Vogue« übernommen. Natürlich bin ich ehrgeizig.

Wär ich nicht draufgekommen.

Nun trete ich mit einer Bitte an Sie heran: Ich träume von einer Geschichte, die aus kurzen Ausschnitten aus den ersten veröffentlichten Artikeln der besten deutschsprachigen Journalisten besteht. Könnten Sie uns einen solchen Ausschnitt, freilich nach Ihrer Wahl und von Ihnen selbst eingerichtet, zur Verfügung stellen oder zumindest mit »bi-

bliographischen« Hinweisen behilflich sein? Unsere junge Redakteurin Ines Wilke wird Sie in den nächsten Tagen anrufen. Mit Freude sehe ich Ihrer Antwort entgegen...

Das wäre doch nicht nötig gewesen. Ein paar weitere Angaben über Ihre Redakteurin Ines Wilke, also ob sie nicht bloß jung ist sondern auch fesch, und natürlich Haarfarbe und Oberweite, hätten genügt — das fieberhafte Suchen nach den ersten veröffentlichten Artikeln und das Telefon ans Bett Stellen wären eins gewesen. Aber wie die Dinge jetzt liegen, träume ich lieber von einem anderen Ausschnitt, anstatt Ihnen den zu schicken, von dem Sie träumen.

*

Der Tod des Unternehmers Rudolf von Bennigsen-Foerder in Zahlen (aktuelle Preisliste für Familienanzeigen in der »Frankfurter Allgemeinen Zeitung«):

»Er war mein Leben« (Johanna v. Bennigsen-Foerder geb. Wirmer): 5.524 DM

»Sein Leben war unbedingter Einsatz« (Veba AG Aufsichtsrat, Vorstand und Mitarbeiter): 5.524 DM

»Er war der Mittelpunkt unseres unternehmerischen Schaffens« (PreussenElektra Aktiengesellschaft) 5.524 DM

»Sein unternehmerisches Handeln stand im Einklang« (Veba Kraftwerke Ruhr AG): 5.524 DM

»Er hat wie kein anderer unser Unternehmen geprägt« (Alle Mitarbeiter der Hüls-Gruppe): 5 524 DM

»Mit ihm verlieren wir die überragende Persönlichkeit« (Stinnes AG): 5.524 DM

»Er wird uns sehr fehlen« (Berliner Bewag Kraft- und Licht-Aktiengesellschaft): 5.524 DM

»Wir verdanken ihm viel« (Hapag-Lloyd Aktiengesellschaft): 5.524 DM

»Der Tod hat seiner Arbeit ein plötzliches Ende gesetzt« (Feldmühle Nobel): 5.524 DM

»Er war uns viele Jahre in Freundschaft verbunden« (Deutsche Bank): 5.524 DM
»Wir verlieren mit ihm einen bewährten Freund« (Salzgitter AG): 5.524 DM
»In ehrendem Gedenken« (MAN Aktiengesellschaft): 5.524 DM
»Mit tiefer Betroffenheit« (Veba Opel AG): 5.524 DM
»Zutiefst erschüttert über seinen allzufrühen Tod« (Allianz Aktiengesellschaft): 5.524 DM
»Wir trauern um einen beispielgebenden Mann« (Initiativkreis Ruhrgebiet): 5.524 DM
»Der Verlust trifft uns tief« (Deutsche Erdölversorgungsgesellschaft mbH): 5.524 DM
»Wir sind ihm zu Dank verpflichtet« (Deutsche Babcock AG): 2.762 DM
»Wir gedenken in Dankbarkeit« (Hochtief AG vorm. Gebr. Helfmann): 2.762 DM
»Er hat sich hohe Verdienste erworben« (Bundesverband der deutschen Industrie): 2.762 DM
»Wir trauern um eine herausragende politische Persönlichkeit« (Bundesvereinigung der Deutschen Arbeitgeberverbände): 2.762 DM
»Völlig unerwartet wurde der Verstorbene aus seinem aktiven Leben gerissen« (Hermes Kreditversicherungs-AG): 2.300 DM
»Er gehörte zu den herausragenden Persönlichkeiten« (Ruhrgas AG): 2.300 DM

Weitere hinterbliebene Aktiengesellschaften und betroffene Gesellschaften mit beschränkter Haftung trauerten in »Süddeutsche Zeitung«, »Welt«, »Handelsblatt«, »Frankfurter Rundschau« undsoweiter. Ich konnte mir's also ausrechnen, was er meinte, als Bennigsens noch nicht aus dem aktiven Leben, aber sonst ziemlich gerissener Kollege, die herausragende Persönlichkeit Heinz Dürr (Daimler-Benz AG), später völlig unerwartet der unmenschlichen DDR-Wirtschaft nachrief:

Der Markt ist der Ausdruck menschlicher Wärme.

Valuta in pace.

*

Ein dummes Gesicht zu machen und einen guten Eindruck; nichts zu tun und doch edel zu wirken — dazu bedarf der Bürger des Stilisten. Wenn die Konzerne keine Mark für die von ihnen einst bis zur Vernichtung ausgebeuteten polnischen Zwangsarbeiter zahlen und ihre Direktoren doch, als Begleiter des Kanzlers, in Warschau gern gesehen werden wollen, um zu sehen, was sich aus den übriggebliebenen Polen rausholen läßt, muß schon ein Träger mehrerer Egon Erwin Kisch-Preise aufgeboten werden, der den Vorgang »nachgerade peinlich« finden darf, der nicht warten will, »bis die letzten gestorben sind«, um schließlich, Zola eine Memme gegen ihn, in den Ruf auszubrechen:

Wie auch immer, gefragt ist neben Geld und mehr oder weniger guten Worten vor allem

nämlich vor Geld und guten Worten und wenns sein muß: anstatt

unsere konkrete Phantasie.

Das Adjektiv hat der hochdekorierte Kampfkritiker Herbert Riehl-Heyse sich bei jenen Bürgerkindern abgeguckt, die, als man ihnen draufgekommen war, ihren Drang zum Dabeisein hinter einer »konkreten Utopie« zu verstecken pflegten. Phantasie ist die Fähigkeit, sich vorzustellen, was sein könnte; konkrete Phantasie ist der Entschluß, das, was sein könnte, sich so vorzustellen, daß es einem nicht mal im Traum einfällt, dafür noch eine Mark auszugeben.

*

Där doitsche Soldatt ist schwerstens gebeleidigt worden und kann nur durch seinen Kameraden Leserbriefschrei ber gesühnt werden, zum Beispiel durch den Hans Witell aus Norderstedt (sie heißen immer so: Hans Witell, Norderstedt):

Soldaten sind keine Mörder, sie töten nur bei Verteidigung des eigenen Volkes in Notwehr. Ohne niedere Beweggründe.

Ach, Herr Hans Witell, Norderstedt, Sie Obermeinungsgefreiter der eisernen Reserve, wie soll ich es Ihnen erklären? Nehmen Se mal Haltung an — also: Die Verteidigung Ihres eigenen Volkes aus Norderstedt und aus Notwehr war und bleibt der für die Tötung von Menschen niederste aller Beweggründe. Nicht verstanden? Wegtreten!

*

Welch herbe, wahre Schönheit beseelte einst die offiziellen Erklärungen kommunistischer Organisationen: der Ausbau und die Vertiefung der Beziehungen im Geiste des Ausgleichs und der internationalen Zusammenarbeit... Da zog Friede in die Herzen. Aber heute? Heute will jeder umgestaltete Pressesekretär auf Teufel komm raus auf Gottschalk raus, allen voran der Sprecher des Außenministeriums der UdSSR, Gennadi Gerassimow, der das Ende der Breschnew-Doktrin und den Beginn einer neuen verkünden sollte:

Diese neue sowjetische Doktrin könne als »die Frank Sinatra-Doktrin« bezeichnet werden nach dessen Lied »I did it my way«, sagte Gerassimow.

Der kleine Gennadi in der großen Welt. Er freut sich über das Lachen und den Applaus. Zu Hause wird er sagen, er sei toll rausgekommen. Ob er freiwillig nach Workuta geht, wenn er erfährt, daß das Lied, das nicht der Frank

Sinatra, sondern der Paul Anka geschrieben hat, mit der Doktrin beginnt: And now the end is near/ And so I face the final curtain... ?

*

Praesentia minuit famam (in Tucholskys Übersetzung: Du mußt sie nicht kennen), und so hat mir eine persönliche Bekanntschaft, in die ich zufällig geriet, bald zwei Jahrzehnte lang die Neugier genommen, auch noch die Werke des Peter Rühmkorf kennenzulernen. Ich hatte den Mann fast schon vergessen und wollte gerade einen ersten Blick in sein allerorten gerühmtes Werk tun, da traf mich die Schlagzeile der »Hamburger Morgenpost«:

Ein gelernter Einzelgänger

Es ist der Peter Rühmkorf, der morgen sechzig Jahre alt wird.

Der Rummel um seinen 60. Geburtstag gefällt Peter Rühmkorf, »denn der Schriftsteller-Beruf macht einen doch sehr einsam. Ich arbeite sonst mönchisch in der Zelle und bewege mich in dem magischen Dreieck zwischen Övelgönne, Altonaer Bahnhof und Hertie«.

Wie zierlich so ein mönchischer Einsamer doch seine autobiographischen Notizen dem Geschmack der Feuilletonredaktion anzuschmiegen weiß: Mönch bei Hertie, sei erschütterbar und piss' in Schnee; und den Bedürfnissen einer Leserschaft, die in der »Morgenpost«-Annonce die »Kindfrau in Straps und Leder« sucht:

Peter Rühmkorf sitzt im Sessel — hinter sich die Elbe, vor sich die Teekanne. »Alleinsein gehört zum Beruf. Es ist ein kleiner Betrieb, in dem ich mit meiner Olympia Monika produziere. In diesem erotischen Spannungsfeld zwischen Monika und mir spielt sich alles ab.«

Erinnert der erotische Feldspanner nicht an die Margitta Hösel, wie sie ganz verträumt durch die Redaktionsräume schwebt, weil sie ihren Computer liebt? An die Spezialistin Brigitta Lange, die Hard- und Software passend aussucht, mit Disketten jongliert und den Drucker drückt? Und an all die anderen »Emma«-Frauen, die zu ihrem »Personal Computer« bereits ihr jeweils ganz persönliches Verhältnis entwickelt haben? An Monika Glöcklhofer, bei der es inzwischen geschnackelt hat? An Chefin vom Dienst Susanne Aeckerle und Redakteurin Judith Rauch? Und an Allroundfrau Ulrike Thies? Wie kommt es bloß, daß die Schäkereien feministischer Betriebsnudeln den magischen Dreiecksscherzchen eines älteren Hertie-Mönchs gleichen wie eine Olympia Monika der andern? Ich fürchte, ich weiß es.

*

Von Mäusen und Frauen

Man schreibt mir:

Lieber Hermann, »Emma« macht für das Januar-Heft (Redaktionsschluß Anfang Dezember) eine Umfrage, in der je zwölf Frauen und Männer des »öffentlichen Lebens« nach den bevorstehenden 90er Jahren befragt werden. Die Fragen:
1. Was erhoffst (befürchtest) Du für Frauen und Männer in den 90er Jahren?
2. Und was erwartest Du für Dich selbst?
Unsere Bitte: Bei Antwort 1 die Maximallänge von zehn Zeilen (à 60 Anschlägen) nicht zu überschreiten, die Antwort 2 drei Zeilen. Und: Könntest Du bitte ein/zwei schwarz-weiß-Porträts dazulegen?
Wir würden uns ganz besonders freuen, wenn Du dabei wärst.
Mit (durchgestrichen: freundlichen; darüber handschriftlich:) revolutionären Grüßen
Deine Alice

Dabeisein ist alles (Lenin). Nie hätte ich zu hoffen gewagt, zu den zwei Dutzend fürs feministische Poesiealbum Auserwählten des öffentlichen Lebens zu gehören, ja unter ihnen als einer zu gelten, dessen Unterhaltungswert frau ganz besonders schätzt, wenn auch vielleicht nicht ganz so sehr wie den des Gottschalk, des Fuchsberger und der Marion Gräfin Nosbusch. Was könnte ein Revolutionär für sich selbst in drei Zeilen à 60 Anschläge Schöneres erhoffen (befürchten)? Daß ihn zur nächsten Jahreswende auch Alices Kollegen von »Tempo«, »Echo der Frau« und »Penthouse« fragen, was für Frauen er in den 90er Jahren erhofft (befürchtet)? Ob es die Frauen sein werden, die uns in den 80ern auf die 90er so vorbereitet haben?:

Sie saß auf Ulrikes Schreibtisch und war nicht größer als die Faust eines Neugeborenen. Farbe: dunkelgrau. Stimmung: scheinbar gelassen. Um sie rum: ein Käfig aus Holz und Eisen. Über sie gebeugt: die Köpfe aller Emmas. Wie süß! So klein! Jetzt putzt sie sich! Hol ihr doch mal ein Stück Schokolade! Quatsch, die essen Speck!

Sie lassen mir keine Chance, es länger zu übersehen: Das Ausrufezeichen ist ein Phallussymbol!

Das ist bestimmt ein Weibchen. Und schwanger dazu. Die Emma-Redaktionsmaus war nach 4 Wochen Warten in die Falle gegangen. 24 Stunden haben wir sie mit Mortadella (zur Zeit Lieblingswurst des Hauses) und Brot gefüttert und dann im Minipark vor unserem Haus in die herbstliche Freiheit entlassen. Mit gemischten Gefühlen. Denn das Verhältnis der Emma-Frauen zu Tieren ist unterschiedlich. Sechs von zehn haben Katzen. Ansonsten geht die Spanne von Judith bis Alice. Will heißen: Judith Rauch, die Naturwissenschaftlerin, hat in ihrem Studium auch Tierexperimente gemacht. Am besten davongekommen sind dabei die Kakerlaken, die für sie wochenlang in einem Rädchen laufen mußten, heraus kam dabei 1983 ihre Diplomarbeit: »Die Wirkung von Lithiumchlorid auf die Synchronisation der circadianen Laufaktivität der Schabe Leucophaea maderae« (Lithium beeinflußt Depressionen). Unter dem bohrenden Blick von Alice versichert Judith heute: »Jetzt würde ich das nicht mehr machen.« Warum nicht? »Weil ich inzwischen weiß, daß es verrohend wirkt, auf mich selber...«

Die Redaktionskakerlaken atmen auf.

Alice Schwarzer könnte, statt Emma, auch gut eine Tierzeitung machen.

Die Emmas sehen alle aus, als ob sie »Die Möwe« hießen.

An Motivation mangelt es nicht: Sie ist mit »vier bis sechs Katzen und zwei Hunden« aufgewachsen (»Wir fütterten sogar die Mäuse«) und war schon als Kind aktives (!) Mitglied

Das Symbol wird penetrant.

im »Bund gegen Mißbrauch der Tiere«. Und, wie meist, hat Alice dazu auch eine Theorie: Die Tiere sind die letzte Stufe auf der ganzen Leiter: »Ganz oben sind die Männer, dann kommen die Frauen, dann die Kinder, dann die Tiere — auf denen trampeln alle rum.«

Oder verarbeiten sie zur Lieblingswurst der Erfinderin der revolutionären Stufentheorie: Erst kommen die Männer, dann die Frauen, dann die Kinder, dann kommt die Mortadella — alle essen sie auf. Aber wie die Redaktionsmaus ist auch alle an ihrem Schicksal entwickelte Theorie, liebe Freundin, süß, klein, scheinbar gelassen, nicht größer als die Faust eines Neugeborenen und schwanger dazu, aber doch dunkelgrau:

Den Mäusen nutzt Alices Engagement allerdings auch nichts: Ihre Katze Lilli ist eine berüchtigte Mäusejägerin.

Unter dem bohrenden Blick von Alice! Ich, Hermann L. (L. steht, einmal muß es heraus, für Leucophaea maderae, zu deutsch: Kakerlake, Schabe, auch Schwabe), bitte um eine Dosis Lithiumchlorid, mit der ich bis zum Ende der bevorstehenden 90er Jahre die Tagebücher der schreibaktiven Zirkusdianen durchhalte.

*

Einer der schönsten Hoffnungsträger für die 90er Jahre, der Björn Engholm, hat mal wieder geantwortet, bevor er gefragt wurde:

Der Anschlag auf Herrn Herrhausen hat mich auch persönlich sehr bestürzt, weil, wenn man eine bestimmte Position in Politik oder Gesellschaft hat, dann ist man letztlich immer ein potentielles Opfer, und man fühlt umso tiefer mit denen, die es getroffen hat. Was da passiert ist, ist eine abscheuliche Tat

und so weiter, was man halt in solchem Fall sagt, die andern sagen's auch, was ist dabei, aber gerade wenn man gerade dabei ist, weil man partout dabeisein möchte, kann es passieren, daß das Gerede seinen unkontrollierten Lauf nimmt und plötzlich und unerwartet eine Sprechblase platzt:

Die Tat ist so absolut sinnlos, denn alle Menschen, die vernünftig sind, wissen, daß Mord an überhaupt nichts etwas ändern kann. Im Gegenteil, solche Taten bringen die Verantwortlichen viel enger zusammen als vorher, schärfen ihre Augen und vertiefen unser Engagement für mehr Demokratie.

Was will uns der Sozialdemokrat, der auch mal ein junger Sozialist war, damit sagen? Das, was er seit vielen Jahren nicht mehr sagen wollte: daß es vernünftig wäre, Zustände, für deren Existenz der Ermordete stand, zu ändern; daß der Mord zwar abscheulich, aber nur deshalb des Sinns verlustig erscheine, weil durch ihn überhaupt nichts geändert werde; daß, im Gegenteil, nun erst recht Zustände, die zu ändern wären, nicht geändert würden, weil die Verantwortlichen für die Zustände noch enger zusammenrückten; daß wir Sozialdemokraten mitrücken, um zusammen mit den Verantwortlichen die Augen zu schärfen; daß unser Engagement für mehr Demokratie das Gegenteil der Absicht ist, überhaupt etwas zu ändern; und daß wir Schwierigkeiten haben, zu sagen, was wir wollen, weil wir nicht wollen, was wir sagen, und, was wir nicht sagen, nicht wollen dürfen.

*

Herr Schmidt aus Barmbek gratuliert einer Blankeneser Gräfin zum Achtzigsten:

Kaum jemals habe ich einen Aufsatz aus Marion Dönhoffs Feder nicht gelesen... Wir Deutschen bedürfen Ihrer Feder auch in Ihrem nächsten Lebensjahrzehnt... Sie ist immer noch die hoch herausragende Feder des deutschen Journalismus.

Helmut heißt er, der da so neidisch zur Feder hinaufblickt. Er selbst hat es bloß zum Kuli des Blankeneser Briefadels gebracht.

*

Jutta Ditfurth schreibt in der »Zeit«:

Seit die Grünen am Tropf der Harmoniesucht hängen, trudeln sie in den Sumpf der Mittelmäßigkeit, deren Ufer alle rechts liegen.

Ob Theo ihr Tropf und Sumpf hineinredigiert hat? Oder wird man am Ort, wo die Dominotheorie eine Salamitaktik ist, von selbst kongenial?

*

Der häufige Umgang mit dem Heimorgelspieler Helmut Schmidt hat endlich auch den netten Leonard Bernstein aus dem Takt gebracht. Zum konzertanten Abriß des antifaschistischen Schutzwalls setzte der Musikant nicht nur Beethovens Schwerhörigen-Sinfonie aufs Programm, sondern ließ den deutsch-deutschen gemischten Chor auch statt der vorgeschriebenen »Freude« zwar nicht »Einigkeit und Recht« aber doch »Freiheit, schöner Götterfunken« blöken. Leider hielt Bernstein die Modernisierung des vierten Satzes nicht soweit durch, daß man von diesem als vom Lombard-Satz der Neunten hätte sprechen können: Das klägliche »Seid umschlungen, Millionen« blieb tausendfach hinter den Kreditererwartungen zurück.

*

Henscheid, Piwitt und andere, auch ich, haben dem Marcel Reich-Ranicki immer wieder unrecht getan, indem sie den Literaturredakteur der »Frankfurter Allgemeinen« literarischer Fehlurteile ziehen. Als wäre ein Literaturredakteur — und gar einer der »FAZ« — dazu angestellt, literarische Urteile abzugeben, und als hätte Reich-Ranicki je gegen die Abmachung verstoßen und dergleichen gewagt. Nie hat einer ihn dabei ertappt, daß er sich, pflichtvergessen, mit einem Wort, einer Zeile, einem Satz, mit Sprache beschäftigt hätte, stets hat er sich darauf beschränkt, die Dichter und ihr Werk auf ihre Bekömmlichkeit fürs Anzeigengeschäft zu prüfen: Autor Systemtrottel — guttes Buchchch; Autor Kommunist oder Kommunistenfreund — schlächtes Buchchch; Siegfried Lenz (Pseudonym: Utta Sanella) — gutt; Tucholsky — särr schlächt:

Er läßt sich bagatellisieren, doch nicht ignorieren. Denn am Beispiel Tucholskys ist mit erschreckender Schärfe die fatale Rolle der linken Intellektuellen in der Weimarer Republik wahrnehmbar und ihre Mitschuld an deren Untergang,

weil diese Pazifisten, wie wir von einem anderen, särr gutten Dichter wissen, in Auschwitz ein Lager einrichten halfen, als die Frankfurter Herausgeber und ihre Väter im Allgemeinen, Kopf und Kragen riskierend, dem Retter der Republik noch die Ermächtigung zu Deutschlands Erweckung erteilten. Womöglich wäre Tucholsky, hätte er nicht die Judenverfolgung und damit seine Emigration angezettelt, nicht einmal ein Freund von Helmut Kohl und ein Liebhaber der »Frankfurter Allgemeinen« geworden, also bis heute ein schlächterrr Dichtärrr geblieben, und kein so gutter geworden wie jetzt der Peter Schütt, der im Ranicki-Reich der Literatur gar nicht existierte, solange er Vorstandsmitglied der Deutschen Kommunistischen Partei war, und sich deshalb die Abfuhr seines Oeuvres bei mir abholen mußte (»Ganghofer im Wunderland«), der aber nun, nach seiner Abkehr von der Revolution (und leider nicht von der Literatur, die unter ihm mehr gelitten hat als Biermann unter Honecker) mit seinen Gedichten in die »FAZ« aufgenommen ist:

Der Fall der Mauer
Das Stück Beton,
das mir von der Mauer
eingewachsen war bis ins Hirn
war plötzlich weg.
Doch der Kopfschmerz
blieb. Und ein Schwindel...

undsoweiter, was man halt so schreibt, wenn man am Ball bleiben will, heute als Peter Schütt im neureichsdeutschen Feuilleton wie vorgestern als Pater Schutt im theologischen Seminar und gestern als Pjotr Schytt »in der Empfangshalle des Weltproletariats«.

*

Die kürzeste Fassung der jüngeren deutschen Geschichte verdankt die runderneuerte Welt dem Leitartikler der »Hamburger Morgenpost«, Wolf Heckmann:

Nachdem wir jahrzehntelang nach der Wiedervereinigung gequengelt haben, können wir ja nun schlecht sagen, wir legten das Problem vertrauensvoll in die Hände der Siegermächte, die den von Hitler verursachten Ärger des zerteilten Europa zementiert haben.

Besser hat, was alle Weizsäckers dieses Landes unter »Bewältigung der Vergangenheit« verstehen, noch keiner getroffen: Gequengel über den von Hitler verursachten Ärger.

*

Alternative XXV.

Das Kollektiv des Bezirksamtes für Nationale Sicherheit Gera hat verlangt,

die Anstifter, Anschürer und Organisatoren dieser haßerfüllten Machenschaften gegen die Machtorgane des Staates zu entlarven und zu paralysieren.

Das Kollektiv des Alternativbüros für Deutsches Satzwesen Westberlin hat verlangt, besagte Machenschaften

zu parallelisieren.

Und keiner kann mit Gewißheit sagen, ob hier wieder mal Siegesmund von Freud die Erklärung bietet oder bloß der Konrad Tuten, ob der Setzer und der Korrektor der »Tageszeitung« damit was sagen wollten oder es nur nicht konnten, kurz: ob der Vorgang eher analytisch zu deuten ist oder -phabetisch.

*

Franz Xaver Kroetz (nein, noch nicht lachen), der so lange meine Kolumnen gelesen hat, bis er sich reif fühlte, selber zur »Bild«-Zeitung zu gehen und dergleichen zu tun, schreibt dem »Spiegel«, was er von dem amerikanischen Politiker Richard N. Perle hält:

Hier spricht nicht irgendein Hardliner, hier spricht ein Deutschenhasser (mehr noch: ich glaube, er verachtet uns)... Für viele Amerikaner sind wir erst mal Schlachtfeld (weit weg vom amerikanischen Mutterboden)... Wie blöd sind wir Deutschen denn...

Eine Frage, die die Antwort in dem birgt, der sie stellt. Neben meinen Kolumnen aber scheint der junge Kommunist Franz Xaver auch andere Autoren unserer Weltliteratur auf G verschlungen zu haben, nämlich Ganghofer und Goebbels. Ich denke, er ist jetzt mutterbodenständig genug, im Alphabet fortzuschreiten — bis S wie Ströhm und Schönhuber, die bei allem, was man ihnen sonst nachsagen kann, uns nicht verachten.

*

In dem Käseblatt, dessen einziger witziger Einfall darin bestand, sich »Metropolen-Magazin« zu nennen, schreibt der französische Denkkünstler Baudrillard:

Von Momenten der Geschichte, die eine große Intensität besaßen, Faschismus und Judenvernichtung eingeschlossen, geht eine Faszination aus, ja sie erfüllen mit Wehmut. Momente, die wohl unwiederbringlich sind, was manche begrüßen, andere bedauern: energiegeladene Momente von einer dramatischen Intensität, die für immer verloren scheint. Automatisch wendet man sich ihnen mit Sehnsucht zu.

Originell, nicht? Auch ein bißchen schweinisch. Aber originell.

*

Wenn er schon selber davon anfängt, daß ihm keiner was sagt, dem Johannes Gross:

Kleine Leute fürchten immer, sie würden nicht unterrichtet

dann darf ich ihm was sagen: Das ist die Gnade der kurzen Geburt.

*

Who is who II.

Erst starb ihr ihre Nordsee, dann starben ihr ihre Robben, und jetzt müssen die hinterbliebenen Schiffchenversenker auch noch um einen ihrer herzigsten Spielkameraden trauern: Der Verteidigungsminister Stoltenberg hat ihren Flottillenadmiral Elmar Schmähling »ohne Angabe von Gründen in den einstweiligen Ruhestand versetzt«; er hat ihn gezwungen, jeden Monat einige tausend Mark anzunehmen dafür, daß er gar nicht mehr herumkommandieren darf. Bitter. Glücklicherweise jedoch verfügt dieses Land über ein Reservoir fortschrittlichster Bürger, denen kein Anlaß zu gering ist und kein Ansinnen zu blöd, flammenden Protest zu erheben wider das Böse, wo und wie immer es seine Fratze zeigt, und sei es in der Suspendierung eines professionellen Potentiellen von der Pflicht, den russischen Kreuzer auf C 5 ins nasse Grab zu schicken. Der Admiral, klagten Prof. Dr. Ulrich Albrecht, Karin Benz-Overhage, Detlef Hensche, Mechtild Jansen, Inge Jens, Prof. Dr. Walter Jens und Dieter Lattmann, solle »exemplarisch diszipliniert werden«, weil er, »ein kritischer Soldat«, aus seiner »kritischen Meinung zur Strategie der Abschreckung und zur Sicherheitspolitik der Nato nie einen Hehl gemacht« habe, sondern, meiner unkritischen Meinung nach, ziemlich viel Gedöns. Deshalb wandten sich die Vertreter des gemäßigt radikalen Flottillenfortschritts mit der Bitte, »staatsbürgerliches Engagement und Streitkultur« sowie »das Recht auf freie Meinungsäußerung aller BürgerInnen, auch der Soldaten« mit ihrer wehrhaften Unterschrift zu verteidigen, an viele »liebe Freundinnen und Freunde«, die einmal, weil sie die Ehre, in eine solche Liste aufgenommen zu werden, irgendwie doch auch selbst verschuldet haben, alle beim Namen genannt werden müssen:

Dr. Horst Afheld, Dr. Heinrich Albertz, Inge Aicher-Scholl, Dr. Franz Alt, Carl Amery, Egon Bahr, Gert Bastian, Klaus Bednarz, Peter Bender, Prof. Dr. Kurt Biedenkopf, Bläck Föös, Horst Bingel, Karl-Heinz Böhm, Klaus Bresser, Christine Brückner, Prof. Dr. Karl Bonhöffer, Prof. Werner Buckel, Norbert Burger, Prof. Ernst-Otto Czempiel, Dr. F. W. Christians, Wolfgang Däubler, Herta Däubler-Gmelin, Pfarrer Volkmar Deile, Ralf Dahrendorf, Karl W. Deutsch, Prof. Walter Dirks, Prof. Dr. Werner Dosch, Tankred Dorst, Prof. Dr. H. P. Dürr, Axel Eggebrecht, Heinrich Graf v. Einsiedel, Bernt Engelmann, Holger Börner, Prof. Thomas Ellwein, Björn Engholm, Hans Magnus Enzensberger, Brigitte Erler, Dr. Erhard Eppler, Gustav Fehrenbach, Prof. Iring Fetscher, Ludwig von Friedeburg, Prof. Erhard Forndran, Günter Gaus, Peter Glotz, Prof. Dr. Helmut Gollwitzer, Christian Götz, Günter Grass, Hermann Gremliza, Monika Griefahn, Prof. Norbert Greinacher, Anton A. Guha, Peter Härtling, Dr. Hamm-Brücher, Heinrich Hannover, Prof. Dr. Hartmut v. Hentig, Dieter Hildebrandt, Dr. Burkhard Hirsch, Prof. Egbert Jahn, Rolf Hochhuth, Robert Jungk, Petra Kelly, Horst Klaus, Prof. Klaus Klitzing, Prof. Dr. Ulrich Klug, Prof. Arno A. Klönne, K.-H. Koppe, Prof. Dr. Walter Kreck, Franz X. Kroetz, Siegfried Lenz, Josef Leinen, Udo Lindenberg, Dr. Alfred Mechtersheimer, Prof. Klaus Meyer-Abich, Johann Baptist Metz, Prof. Heinrich Misalla, Dr. Margarete Mitscherlich, Wolfgang Niedecken, Henri Nannen, Jan Niemöller, M. Opel, Rüdiger Proske, Helmut Prieß, Prof. Christiane Rajewski, Prof. Dr. Uta Ranke-Heinemann, Helmut Ridder, Prof. Dr. Horst E. Richter, Dr. Heinz Theo Risse, Philip Rosenthal, Gerd Ruge, Eva Rühmkorf, Prof. Senghaas, Joh. Mario Simmel, Dr. Dr. Helmut Simon, Dr. Dorothee

Sölle, Bischof Dr. Kurt Scharf, Hermann Scheer, Otto Schily, Horst Schmitthenner, Innenminister Schnoor, Dietmar Schönherr, Alice Schwarzer, Prof. Dr. Hans Werner Schwarze, Lorenz Schwegler, Klaus Staeck, Prof. Dr. Peter Starlinger, Franz Steinkühler, Antje Vollmer, Harry Valerien, Otto Waalkes, Günter Wallraff, Gabriele Wohmann, Dr. Martin Walser

Und Duve? Wo bleibt Duve?

*

Der Bundesverband der Pharmazeutischen Industrie e.V. hat die Hauptrolle seines Fortsetzungsdramas »Pharma-Fortschritt ist Fortschritt für den Menschen« mit dem Johannes Gross besetzt, der die Frage nach Sein oder Nichtsein nicht nur stellt:

Pharma-Fortschritt? Ohne ihn würde unsere Wirtschaft krank. Unsere pharmazeutische Industrie hat Weltgeltung. Knapp die Hälfte aller deutschen Arzneimittel wird exportiert: Ein solches Ergebnis erzielen nur wenige Branchen. Ungewöhnlich ist auch, daß die aufwendige Forschung höchstes internationales Niveau hat, ohne staatliche Zuschüsse in Anspruch zu nehmen. Das erspart uns nicht nur Kosten, sondern erwirtschaftet Steuern und Gewinne, die wieder investiert werden und zur Gesundheit des Wirtschaftslebens beitragen.

Und so schreitet der Pharma-Fortschritt fort, heilt er die Bilanzen, kuriert die Dividenden, therapiert den Fiskus, salbt die Journalisten und macht die Wirtschaft gesund. Bloß einen Schnupfen darf man nicht kriegen, denn bis zur Heilung exportunabhängiger Seuchen ist der Pharma-Fortschritt noch nicht fortgeschritten.

*

Wenn wir einmal Bilanz ziehen werden, was die erste deutsche Revolution auf deutschem Boden uns gebracht hat, wird die »Einladung zum Gründungs- und Strategiekongreß der Philosophisch-Humanistischen Gesellschaft in Sachsen« nicht fehlen dürfen:

Daß die Revolution in der DDR gegenwärtig mehr Buridans Esel als Phönix aus der Asche gleicht, ist Chance und Risiko zugleich. Kulturstürmerische Tendenzen populistischer Provenienz ringen mit dem Eintritt massenhafter Individuen in die Selbstbestimmung eines Lebens in Humanität und Sinngehalt. Neue und alte Mythen setzen jedoch schon wieder Symbole statt der Aufarbeitung von Vergangenem die Zukünftigkeit zu erringen...

Machen Sie kein Aufsehen und folgen Sie uns bitte unauffällig! Wir bringen Sie jetzt in den Tagebau. (Für irgendwas müßte doch auch eine deutsche Revolution gut sein!)

*

Deutsche Kommunisten, die sich irgendwie abgefahren fühlen und deshalb runderneuern wollen, machen das so:

Liebe Genossinnen, liebe Genossen, liebe Freundinnen und Freunde! Vom 30. 3. 90 bis 1. 4. 90 findet in der Mensa der Universität Köln unser bundesweiter Strategiekongreß statt. Das Motto oder die Hauptthemen dieses Kongresses werden sein: »Linke Alternativen zur Deutschlandpolitik — und wie wir uns vernetzen wollen«.
Viele herzliche Grüße
Irmgard Mosch
Für das Koordinationsbüro

Hat das nicht etwas zugleich wohligalternativ Erneuertes und doch strategiekongreßkoordinationsbüromäßig Vertrautes. Ist es nicht die zärtlichste Versuchung, seit es Kommunismus gibt?

*

Der Tom Janssen, der seine Karriere als lodernder Anarchist begann und später bei der »Tageszeitung« nachglühte, wärmt nun auf Platz fünf der »Morgenpost«-Lokalredaktion die Füße an der Asche der frühen Jahre:

Thea Bock wird den Wahlkampf auch gegen eine GAL führen, der sie vehement vorwirft, Ökologie an die PDS verraten zu haben.

Die GAL soll der PDS verraten haben, was Ökologie ist? Der Toupémao schreitet von Sieg zu Sieg im Volkskrieg gegen die Grammatik.

*

Wolfgang Kaden, der einst, als Redakteur einer sozialdemokratischen Studentenzeitung, gewisse Einwände gegens Kapital erhob, wirft noch heute, als Wirtschaftsredakteur des »Spiegel«, manchen kritischen Gedanken ein:

Nie zuvor wurden die Segnungen der marktwirtschaftlichen Ordnung so hymnisch gefeiert wie derzeit. Wie weggeblasen scheinen auf einmal alle Zweifel an der Zukunft eines sich hemmungslos ausbreitenden Industriesystems... Unbestreitbar ist, daß die marktwirtschaftliche Organisation zumindest einem Teil der Menschheit einen phantastischen Wohlstand beschert hat.

Wer soviel Mut zeigt, dem soll nicht auch noch die Tollkühnheit abverlangt werden, den von der Marktwirtschaft mit phantastischem Wohlstand bescherten Teil der Menschheit zu beziffern: mit zwei bis drei Prozent.

*

Immer, wenn mich der Ernst Albrecht angrinst, erinnert er mich an jemanden. Aber an wen? An Doktor Best? An Bob Hope? »Frankfurter Allgemeine«, hilf!:

Albrecht hatte einst, nach der überraschenden Übernahme der Regierungsmacht 1976, den Reiz des frischen, von den Taktierereien der Parteipolitik nicht gezeichneten Gesichts. Nach dem Verlust der absoluten Mehrheit war ihm Unlust am Regieren 1986 anzumerken. Er ist ein Mann, der in der Politik nicht aufgeht. Ein Stück Philosoph ist in ihm.

Aber natürlich: Sartre.

*

Gelbe Gefahr

Es ist wahr, denn es stand in der Zeitung, und zwar in Stockholms »Morgon-Tidningen/ Social-Demokraten« am 11. März:

Chinesen kolonisieren das frühere deutsche Schlesien

Berlin, Samstag: In Warschau (oder Moskau?) hat man sich entschlossen, die früheren deutschen Gebiete im Osten mit Chinesen zu kolonisieren. Die polnische Regierung hat sich bemüht, den leeren Raum nach der Vertreibung der deutschen Bevölkerung aufzufüllen. Die Polen aus den an die Sowjetunion abgetretenen Gebieten reichen nicht. Kosaken polnischer Abstammung sind teilweise so weit wie aus der Mongolei gekommen.

Aber es wird noch mehr Arbeitskraft benötigt, um die vielen Millionen Deutschen zu ersetzen, die früher östlich der Oder wohnten. Polnische Flüchtlinge erwähnten bereits vor mehreren Monaten einen Vertrag zwischen Warschau und Peking, von dem gesagt wurde, daß er darauf hinauslaufe, daß chinesische Arbeiter mit einem zweijährigen Vertrag angestellt werden sollten. Nach dieser Zeit sollten sie möglicherweise dort wohnen bleiben dürfen.

Nach deutschen Berichten der letzten Zeit ist eine Anzahl Chinesen im westlichen Polen angelangt. Wie groß diese Einwanderung bisher war, ist noch nicht bekannt.

Die ersten Gruppen von Asiaten gingen in die Kohlengruben in Oberschlesien. Später trafen solche auch in der Holzindustrie und den Urangruben Niederschlesiens ein. Ein Teil der Chinesen wird auch von Familien begleitet. Es soll jetzt chinesische Stadtteile in Beuthen, Katto-

witz und in anderen Orten geben. Man untersucht auch Voraussetzungen — zum Reisanbau im Odertal!
Es scheint, als ob die mongolische Kolonisation in Zentral-Europa auf ein 280 Kilometer langes Gebiet entlang der polnisch-tschechischen Grenze begrenzt werden soll. Es wurde auch mitgeteilt, daß chinesische Arbeitskraft nach Sachsen in Ostdeutschland geführt werden sollte. Dies wurde jedoch nicht bestätigt.
In polnischen Emigrantenkreisen wie unter den Deutschen fragt man sich, ob das, was in Schlesien vor sich geht, nur eine zufällige Umsiedlung von Arbeitskraft oder die Einleitung zu einer festen Besiedelung Zentral-Europas durch Chinesen und Mongolen ist,

ob also im deutschen Zentral-Europa zusammenwachsen soll, was nicht zusammengehört. Der Berliner Korrespondent von »Morgon-Tidningen«, der die Mongolen-Meldung (»Kineser koloniserar forna tyska Schlesien«) im März 1953 nach Stockholm sandte, hieß nämlich Willy Brandt.

*

Und Duve? Wo bleibt Duve?

Freimut Duve wird im Luchterhand Literaturverlag die neue Reihe Luchterhand Essay herausgeben. Die ersten Bände sollen im Herbst erscheinen.

Da ist er ja, er, der uns so Schmähling verlassen hatte.

*

Getreu der spontaneistischen Maxime, wonach ein toter Kommunist ein guter Kommunist ist und deshalb ein halbtoter ein halbguter, erhebt Cohn-Bendit ein Gläschen vom feinsten Bockenheimer vino secco locale auf das Wohl des Erich Honecker:

Also, Jungs von da drüben — Finger weg von Honni! Laßt ihn ausleben. Kauft ihm eine Insel irgendwo im Pazifik. Packt all diese unerträglichen alten Männer einschließlich Castro, Deng und andere dazu, und der Sozialismus wird sie selig haben... So wie ich vor Jahren Freiheit für Heß gefordert habe, so sage ich heute: Freiheit für Honni.

Bloß ich, den von jener Kiste, in der auch ich schließlich ein guter Mensch werden muß, noch ein paar Meter trennen, bleibe hart und sage, die Gleichsetzung von Heß, Honecker und Castro betreffend: Tagebau für Dany. Wenn er das so gut kann wie schreiben, kommt es zu einem umweltschützenden Rückgang der Braunkohleförderung, und seine Jungs von da drüben können durch- und aufatmen.

*

Auf die Frage der »Frankfurter Allgemeinen«, wer oder was er hätte sein mögen, antwortete der Generalsekretär der CDU, Volker Rühe, kurz und schlicht:

Philosoph.

Sowas wie Ernst Albrecht halt.

*

Als ich vor einigen Monaten schrieb, mit einem mittleren Kredit im Gepäck ließen sich demnächst jene polnischen Offiziere finden, die gestehen, den Überfall auf den Sender Gleiwitz kommandiert zu haben, wurde gelacht. Jetzt prophezeie ich noch was Lustigeres: Gegen ein Zeilengeld von DM 2,00 wird die »Frankfurter Allgemeine« einen stellvertretenden Vorsitzenden des sowjetischen PEN-Clubs finden, der in einer »FAZ« schreiben wird:

Damit irgendwann einmal ein heilsames Vergessen eintreten kann, müssen erst einmal die Russen sagen, die Deutschen seien im Krieg Menschen gewesen und die Russen Tiere.

Hat ihn schon gefunden, die »FAZ«, den Anatoli Streljanyi, am 9.Mai 1990. Wenn das Angebot steigt und die Nachfrage sinkt, fallen die Preise, sagt Marx. Ob die Entschuldigung der Roten Armee für ihren Überfall auf Oradour in einem halben Jahr noch etwas bringt? Die Anbieter seien gewarnt: Das Zeilengeld von der »Tageszeitung« reicht nicht mal für eine Eintrittskarte zum Zoo.

*

Richard v. Weizsäcker

Die Maria Helbig der fortschrittlichen Überbauarbeiter war auf Tournee in Polen, wo sie ihre Strophe des vierten Deutschlandlieds vorstellte:

Wenn Deutsche und Polen eine gemeinsame Zukunft finden wollen, so wird dies nur in ehrlicher Erinnerung an die Vergangenheit gelingen.

Endlich ein deutscher Präsident, der nicht um die Katze herumredet wie heißer Brei, sondern die Polen ehrlich an die Vergangenheit erinnert und gleich dazusagt, daß aus ihrer Zukunft nichts werden kann, wenn sie sich seinem Beispiel nicht anschließen. Denn, fuhr er fort,

für ungezählte Deutsche hat es ein unmenschliches Schicksal gegeben, als sie aus ihrer angestammten und geliebten Heimat vertrieben wurden. Sie wurden gewaltsam entwurzelt, viele verloren das Leben, und die Wunden heilen nur langsam. Wir können in der Geschichte unserer beiden Völker nichts miteinander vergleichen, nichts gegeneinander aufrechnen.

Anders gesagt, werte Polacken: Es war Schicksal, das es gegeben hat, und bloß weil Ihr Eure Toten gezählt habt, unsere Entwurzelten aber ungezählt sind, könnt Ihr doch jetzt nichts vergleichen und berechnen wollen. Kurzum: Ihr kriegt nichts. Ich war schließlich schon einmal hier, und da habt Ihr sogar auf mich geschossen — ohne Rücksicht auf meine schnieke Leutnantsuniform. Wenn also schon gerechnet werden soll, dann muß minus mal minus gleich plus bleiben:

Vor einem Vierteljahrhundert sagten die polnischen Bischöfe am Ende des Zweiten Vatikanischen Konzils: »Wir vergeben und bitten um Vergebung.« Das ist die befreiende Kraft des Geistes und der Wahrheit... Deshalb bin ich für die Worte des Verständnisses, die auf polnischer Seite dem Leid von Deutschen gewidmet worden sind, herzlich dankbar.

Und weil Ihr Euch nun lange und brav genug für den Überfall des Schicksals entschuldigt habt, will auch ich nicht so sein:

Die heutige Westgrenze Polens bleibt unangetastet.

Was, da staunt Ihr? Das hättet Ihr nicht erwartet. Ist mir auch nicht leicht gefallen. Aber bitte keine falschen Schlüsse:

Wir Deutschen sagen dies nicht, um menschlich erlittenes Unrecht zu legitimieren; wir sagen es in bleibender Verbundenheit mit dem schweren Los unserer Landsleute, die Haus und Hof, Dorf und Heimat verloren haben,

von Partei und Reich, Dienstpersonal und Arbeitsplätzen an den Gasöfen nicht zu reden. Dennoch, wie bereits mehrfach gesagt, vergeben wir Euch. Ehrlich, Ihr dürft Eure Grenze behalten. Wir sind nämlich zu der befreienden Kraft der Wahrheit gekommen, daß es *zwischen Polen und Deutschen, wie in ganz Europa, nicht um das Ziel geht, Grenzen anzuerkennen, damit sie uns besser gegeneinander abgrenzen. Ganz im Gegenteil: Sie sollen ihren trennenden Charakter verlieren,*

damit wir bei Euch mit Mark und Maus einziehen können, ohne daß Ihr vorher einen deutschen Rundfunksender überfallen müßt. Ja, der Richard von Weizsäcker ist ein großer Meister des Vergebens und Vernehmens, und nichts erkennt er, tätige Reue der Nachbarn vorausgesetzt, lieber an als Grenzen, die keine mehr sind:

Aus Grenzen sollen Brücken werden. Wir wollen nicht die Berliner Mauer abreißen, um sie an Oder und Neiße neu aufzubauen. Und wir bitten auch Sie, den Gedanken der offenen Grenze zu fördern.

Nicht wie in Berlin gestern soll es morgen an Oder und Neiße sein, sondern so wie in Berlin morgen und an Oder und Neiße vorgestern, als ein Leutnant unkontrolliert über die Brücke kam. Damals freilich noch nicht auf dem Weg der Vergebung.

*

Der Satz des Jahres 1990 heißt:

Deutschland muß Rücksicht auf die Sorgen seiner Nachbarn nehmen.

Gesagt oder geschrieben haben ihn alle: Kohl, Vogel, Brandt, Lambsdorff, die »Frankfurter Allgemeine«, die »Frankfurter Rundschau«, die »Süddeutsche«, der »Spiegel«, der »Stern«. Keiner verstand ihn als Ankündigung, der eine Beschreibung dessen folgen müßte, was die Deutschen deshalb zu tun oder zu unterlassen hätten. Der Satz ist vielmehr Ankündigung und Resümee zugleich, wer ihn nur ausspricht, hat damit nicht nur gezeigt, daß er gewillt ist, auf die Sorgen der Nachbarn

Rücksicht zu nehmen, sondern er hat, indem er ihn sprach, die Rücksicht bereits genommen. Und noch in Jahren werden sie zum Beweis, daß sie damals Rücksicht genommen haben, mit der Beteuerung aufwarten, sie hätten mehrfach wörtlich gesagt, Deutschland müsse Rücksicht auf die Sorgen seiner Nachbarn nehmen, und es sei im Protokoll nachzulesen, hier, sehen Sie selbst:

Soll die Metropole Hauptstadt werden? Berlin oder Bonn: Deutschland muß Rücksicht auf die Sorgen seiner Nachbarn nehmen.

Ja, auch Marion Gräfin Dönhoff nimmt Rücksicht:

Der Entschluß, Berlin zur Hauptstadt zu machen, würde ein falsches Signal setzen... Auch würde es fraglos den anderen Europäern Sorge einflößen.

Und was tut man dagegen? Man erklärt ihnen, daß sie von ihren Sorgen keine Ahnung haben:

Für sie alle steht Berlin fälschlichwerweise für preußischen Militarismus, deutschen Größenwahn, autoritären Zentralismus, für Pickelhaube und Kommißstiefel. Fälschlicherweise, denn die Identifizierung von Preußen und Nationalsozialismus ist unzutreffend... Schließlich stimmt es auch nicht, daß die Bevölkerung Berlins so besonders begeisterte Nazis waren.

(Interessehalber: Was waren die Bevölkerung denn?)

Bei der letzten freien Wahl im März 1932 erzielte die NSDAP nur 22 Prozent der Stimmen... Es ist merkwürdig, daß man auch in aufgeklärten Zeiten falsche Geschichtsbilder verbreiten und verfestigen kann. Offensichtlich ist es eben so, daß nicht die Fakten der Geschichte das Entscheidende sind, sondern die Vorstellung, die sich die Menschen von den Fakten machen. Darum muß man Vorurteile sehr ernst nehmen und sich immer wieder bemühen, sie auszuräumen.

Nachdem Frau Dönhoff etwas Geschichtsunterricht gegeben und die Sorgen der Nachbarn als Vorurteile überführt hat, die man zwar sehr ernst nehmen, aber ausräumen müsse, macht sie einen Vorschlag zur Güte:

Zwischen den beiden Weltkriegen war Berlin die kosmopolitische Hauptstadt Europas. Auch heute könnte die Stadt mit ihren 180 wis-

senschaftlichen Instituten, den Theatern, Museen, der Oper und einem äußerst kompetenten Publikum wieder als Weltstadt weit über die Grenzen hinaus wirken. Den nationalen Aspekten wäre Genüge getan, wenn der Bundespräsident nach Berlin übersiedelte...

Weil sie aber zu ahnen scheint, daß der Eindruck, den das Hurra auf die kosmopolitische Welthauptstadt und die Kontrastierung von 22 Prozent Nazis mit 2 Promille äußerst kompetenten Pavarotti-Fans auf die besorgten Nachbarn macht, deren Vorurteil eher bestätigen als ausräumen wird:

Laßt uns Bonn als effiziente administrative Hauptstadt behalten... und Berlin zum geistig-künstlerischen Kulturzentrum machen. Doch wie immer die Entscheidung fallen sollte, wichtig ist, daß sie bald getroffen wird, sonst ergreifen Spekulanten die Macht in Berlin.

Hat davor nicht schon mal einer gewarnt? Sollten die Sorgen der Nachbarn aus dem Vorurteil erwachsen, daß in Deutschland die Lösung der nationalen Frage stets mit der Bekämpfung von Spekulanten beginnt? Dann stellte sich am Ende heraus, daß Rücksicht auf die Sorgen der Nachbarn nur dadurch zu nehmen wäre, daß die nichts mehr zu sagen hätten, die sagen, Deutschland müsse Rücksicht auf die Sorgen seiner Nachbarn nehmen.

*

Theo XVII.

Ich habe lange spekuliert, ob er trinkt oder ob's an einem verschleppten Ziegenpeter liegt:

Jetzt geht der Zweite Weltkrieg, ja das Zeitalter der europäischen Kriege wirklich zu Ende... Die Plötzlichkeit des historischen Gezeitenwechsels hat die Zeitgenossen überrascht... Der historische Gezeitenwechsel macht einen Paradigmenwechsel

(oder Diaphragmenwechsel?)

nötig. Die Probleme erzwingen ihn: Wir müssen umdenken und neue Wegzeichen setzen... Geopolitik reicht nicht, jetzt tut Gaia-Politik not... Mutter Erde zeigt den Menschen gelbes Licht,

in dem viele kleine grüne Männchen flimmern. Er muß gegen einen Bus gelaufen sein.

*

Rolf Schmidt-Holtz, der Chefredakteur der Illustrierten »Stern«, hat ein Problem: Er weiß nicht, ob er den rapiden Fall der Auflage mit vielen bunten Tittenbildern eher bremst oder beschleunigt, ob nämlich der kleine Mann, der das Blatt kaufen soll, lieber wichst oder Kreuzworträtsel löst. Weil bislang Versuche in beide Richtungen nicht halfen, hat er nur gelernt, daß man dem Volk zwar nach dem Munde reden muß, aber nicht trauen darf:

Bisher konnten die Westdeutschen nicht darüber abstimmen, ob sie überhaupt die Einheit wollen. Eine Volksabstimmung ist dafür in Wahrheit aber nicht geeignet, weil der Fortbestand der Teilung eine irrwitzige Alternative wäre. Aber es wird Zeit, daß bald gesamtdeutsche Wahlen kommen,

damit die Westdeutschen endlich darüber abstimmen können, ob sie gewollt haben, worüber sie abstimmen zu lassen ein Irrwitz gewesen wäre. Obwohl die Annahme verwegen klingt, scheint zwischen der Eignung eines Kopfes, einen gut gebürsteten Schnäuzer vor die Kamera zu halten, und seiner Fähigkeit, drei Sätze einigermaßen logisch aneinanderzufügen, auch in der hochentwickelten Medienkultur noch immer ein kleiner Unterschied fortzubestehen. Immerhin hat, dem unvergeßlichen Wahrwort der Gräfin Dönhoff zufolge, »jeder Vorteil einen ihm spezifischen Nachteil, und umgekehrt«, was im Falle Schmidt-Holtz bedeutet, daß sein Nachteil, die Sache mit dem Denken, zu dem Vorteil ausschlägt, sein Tittenproblem politisch bewältigt zu haben: Der kleine Mann hat ein unverzichtbares Rechts aufs Wichsen, vorausgesetzt, er hat das Kreuzworträtsel gelöst.

*

Ich behaupte nicht, daß es das gibt, aber ich gebe gerne zu, daß ich etwas dafür gäbe, wenn Chefkommentatoren der »Tageszeitung« nach jedem Streich, den sie dem Konjunktiv gespielt haben, ohne Abendessen ins Bett müßten. Dieser hier wäre längst gertenschlank:

Wenn aber die SenatorInnen sich sowohl vor dem Abgeordnetenhaus als auch vor dem Stadtparlament politisch verantworten müßten, gebe es zumindest die Chance einer gegenseitigen parlamentarischen Kontrolle.

Da hat sich der Klaus Hartung so 'ne Mühe gegeben, es mir zuliebe (bzw. zuleide) einmal richtig zu machen und statt dem in der Szene allein bekannten Gäbe einen mutigen Konkjuktiv des Präsens zu riskieren — und ausgerechnet da steht er falsch. Ich rate ihm dennoch ab, sich das nächste Mal noch mehr anzustrengen: Es wird nichts nützen. Es gibt keinen richtigen Konjunktiv im falschen parlamentarischen Leitartikel.

*

Letzter Aufruf

Der Mann, der bei »Bild« Hans Esser war, ist jetzt »der Autor, der von ganz unten den Großen ans Bein pinkelt«, nämlich mir, und sich dabei eine nasse Hose holt:

Als ich ihr in den Mantel helfe, preßt sie ihren Hintern gegen meine Hand wie einen erntereifen Pfirsich...

Pardon, ich hab mich verblättert — das kommt erst auf Seite 70 des »Playboy«, gepinkelt wird auf Seite 47 links unten:

Playboy: Woher kommt eigentlich das Ressentiment oder der Haß so vieler Leute gegen Sie und Ihre Arbeit?
Wallraff: Einen solchen Erfolg wie mit »Ganz unten« zu haben, also mit einem Stück Arbeiterliteratur, dem »minderwertigsten« Bereich der hohen Pyramide in der Literatur, das war ungehörig. Ich hatte alles über den Haufen geschmissen. Mein Erfolg hat die um den Verstand gebracht. Mich hat er eher belastet, um die Wahrheit zu sagen.
Playboy: Na ja, wir möchten auch ganz gern einmal so belastet sein...
Wallraff: Das ging bei mir bis in die Privatsphäre. Ein Vernichtungswille! Und dann die Reaktion der drei ehemaligen Mitarbeiter, ein hanseatischer Stammtischtyp dabei, der mir den Erfolg neidete, weil er vor zehn Jahren mal Hilfestellung leistete... Da kommt so jemand und hat einen solchen Erfolg und auch eine solche gesellschaftliche Wirkung, da schnappen die über, drehen durch.

Die gesellschaftliche Wirkung ist unbestreitbar — wer wollte bezweifeln, daß ohne den Erfolg von »Ganz unten« der kölsche Ali nie die reifen Pfirsiche des »Playboy« hätte ernten können. Daß der türkische Ali mit dem nackten Arsch an der kalten deutschen Wand steht wie zuvor, war durch Literatur aus dem minderwertigsten Bereich der hohen Pyramide, also mit einer Sprache, die nicht weiß, wo oben und unten ist, eh nicht zu ändern. Da ehrt es den Leidenden doch, wenn er nun von ganz unten, aus dem Süden, vom Heinrich Bauer-Verlag, nach ganz hoch oben, in den Norden, auf den mächtigen hanseatischen Stammtischtypen pinkelt. Der ist zwar ein dem Biertisch abholder, in Köln geborener Schwabe, der, indem er seinen Wohnsitz in Altona nahm, das Präzisionssoll der weniger von den angepinkelten Großen als von den Anwälten des Verlags gefürchteten Recherchen des Meisters fast schon übererfüllt hat, der aber, wenn der übergeschnappte Reservechristus von Nippes noch ein einziges Mal von einer Hilfestellung lügt, den Bierernst aufbringen wird, seine ihm längst peinliche Autorschaft an drei der erfolgreichsten Wallraff-Bücher auf dem Wege einer Urheberrechtsklage feststellen zu lassen, damit zwischen den pressenden Pfirsichhintern und der Klaue des Arbeiterwohlfahrtsliteraten Ruhe einkehrt. Die Freunde des Dichters mögen ihn warnen. Ich sag's nur einmal.

*

Alle Großen leben in einem Wort fort: der Würfel ist gefallen, hier stehe ich, ich kann nicht anders, j' accuse undsofort, da wollte auch der für seine Unerschrockenheit berühmte Fernsehredakteur Klaus Bednarz nicht zurückstehen:

Den Mächtigen unbequem sein!

schrieb er sich aufs Paniermehl in der WDR-Kantine, so in der Art von »non olet«, »tout est perdu, hors l'honoraire«, »to have or not to be« und »Der Etat bin ich«. Fast hätte er ja gerufen: Die Mächtigen zum Teufel jagen — aber andererseits: Wer überweist dann das Urlaubsgeld?

*

Schlagzeile der »Frankfurter Rundschau«:

Nato will Moskau entgegenkommen

Wie weit? Bis Smolensk? Bis Minsk? Die Unterzeile verrät's:

Bedingung ist deutsche Mitgliedschaft.

Bis Wolgograd also.

*

Daß die kapitalistische Ordnung dem Tüchtigen freie Bahn gibt, erweist sich immer wieder als wahr:

Alt-Bundeskanzler Helmut Schmidt ist mit dem Literaturpreis der baden-württembergischen Stadt Bad Wurzach geehrt worden. Schmidt erhielt die mit 10.000 Mark dotierte Auszeichnung für sein Buch »Menschen und Mächte«. Nach dem Urteil der Jury liegt die Bedeutung des Werkes darin, daß »es die internationale Einbindung der jüngeren deutschen Geschichte auf der Grundlage des tatsächlichen Geschehens lebendig und in gültiger Weise darstellt«.

Wenn das jetzt so geht, bestehe ich auf dem Nobelpreis für Thermonuklearphysik, ungeteilt.

*

Jede Arbeiterbewegung hat ihre Knallchargen: die französische ihren Mitterand, die italienische ihren Ochetto und die polnische ihren Walesa, der sich von seinem deutschen Bruder Blüm, mit dem er Marienlieder sang, schließlich doch dadurch zu unterscheiden beginnt, daß er völlig unerwartet »in die Sprache früherer Peiniger Polens verfiel«, wie die einstigen Walesa-Fans vom Deutschland-Magazin »Spiegel« meinen:

»Wenn Deutschland noch einmal Europa destabilisiert«, drohte Walesa, »dann wird Deutschland nicht mehr geteilt, sondern von der Landkarte gefegt werden. Ost und West haben die notwendige Technik, um

dieses Verdikt auch vollstrecken zu können. Wenn Deutschland wieder anfängt, bleibt keine andere Lösung.«

Wäre der Friedensnobelpreis nicht durch seine Verlosung an Kissinger, Brandt, Sacharow und Walesa heillos diskreditiert, schlüge ich vor, ihn demnächst einem bekannten polnischen Arbeiterführer zu verleihen.

*

Regierungsdirektor Kaiser vom Bundesministerium für Wirtschaft hat den deutschen Abgeordneten des europäischen Parlaments »zu Ihrer persönlichen Unterrichtung eine Stellungnahme der Bundesregierung zum Thema Bekämpfung von Rassismus und Ausländerfeindlichkeit« übersandt, die sich die quengelnden Nigger mal hinter die Ohren schreiben sollten:

Der Begriff »Fremdenfeindlichkeit« wird im übrigen auch zu undifferenziert verwandt. Die komplexen Erscheinungsformen von negativen Einstellungen gegenüber Ausländern sind damit nicht zu erfassen. Sachadäquater wäre es, zwischen »Fremdenfeindlichkeit« und »allgemeinen Vorbehalten gegenüber Ausländern« zu unterscheiden.

Fremdenfeindlichkeit kann zur Einrichtung von Konzentrationslagern führen. Allgemeinen Vorbehalten gegenüber Ausländern wäre gegebenenfalls durch die sachadäquate Einrichtung ethnischer Entsorgungsparks zu entsprechen.

*

So ordinär wie die Freunde, die von Castro direkt zum fidelen Genscher übergelaufen sind, benimmt ein Mann von Welt sich nicht:

Die Frage, ob es mit dem Strom oder gegen ihn zu schwimmen gilt, scheint mir veraltet, weil sie eine unerträgliche Vereinfachung voraussetzt. Ergiebiger scheint mir das Verfahren des Seglers zu sein, der sowohl mit dem Wind als auch gegen ihn kreuzt. Ein solches Vorgehen, auf die Gesellschaft bezogen,

bietet die Gewähr, daß man auf jeden Fall in ihr vorankommt, und vielleicht schafft er es ja doch eines Tages, Chefredakteur der »Yacht« zu werden, der Enzensberger.

*

Die Mühen beim Abriß der Mauer haben an dem »Tageszeitung«-Kommentator Klaus Hartung ihre Spuren (um nicht zu sagen: vestigia) hinterlassen:

Nulla poena sine legge

Da ist einer mit seinem Latein am Ende.

*

Ich kenne den fränkischen Hausflur mit drei Buchstaben und die griechische Göttin des Ozonlochs — wer aber, um Himmels willen, ist dieser da?:

Er hört klassische oder barocke Musik und braucht dazu niemanden; er findet auch Genügen an einsamer Zweisamkeit mit einem Buch.

Vier Buchstaben senkrecht und er braucht keinen, der ihm beim klassischen oder barocken Hören hilft? Sollte es, Herr Johann Georg Reißmüller, da es das kleine Jesulein diesmal nicht ist, am Ende Ihr Bundeskanzler sein? Echt? Und das Buch ist richtig eins mit so Buchstaben?

Zum Lesen? Und nicht bloß zum Unterlegen, wenn der einsame Zweisitzer wackelt? Ach, gehn S', pflanzen S' doch wen andern!

*

Während die Leser des politischen Teils zufrieden schmunzeln, wenn ihnen der Reißmüller einen falschen Sechziger für einen Einstein vormacht, muß der Wirtschaftsredakteur der »Frankfurter Allgemeinen« seinen Kohl doch mühsamer ziehen:

Wohlstand wird sich entfalten, wenn zwischen Elbe und Oder die gleichen bewährten Regeln des Wirtschaftens gelten wie heute zwischen Rhein und Elbe. Diese Regeln und Grundsätze sind überall dort in Kraft, wo es den Menschen gutgeht.

Kompliment! Wie der Hans D. Barbier sagt, was die Kunden hören wollen, und doch fast gar nicht lügt — das macht seinem Namen alle Ehre. Was kann er dafür, daß sie lesen, was er nicht geschrieben hat, nämlich daß es, wo die bewährten Regeln in Kraft seien, den Menschen gutgehe? Daß es den Menschen trotz und vielleicht wegen den bewährten Regeln schon in Sevilla und erst recht in Lima nicht besonders gutgeht, weiß keiner besser als der Barbier, der sie im Börsenbericht täglich unterm Messer hat. Er hat bloß gesagt, daß dort, wo es gutgeht, die Regeln in Kraft sind. Warum? Aber damit plagt sich doch ein Barbier nicht, der nur das Faktotum der schönen Welt zu sein hat oder vielmehr ihr Faztotum.

*

An Nietzsches Grab:
Den Großen Literaturpreis der Bayerischen Akademie der Schönen Künste erhält dieses Jahr für sein literarisches Gesamtwerk Martin Walser. Der Preis ist mit 30.000 Mark dotiert.
Der Waigel tut noch was für seine Leute.

*

Der deutschen Linken ganzer Jammer in einem Brief des Lesers Uwe Busch aus Wismar an »Neues Deutschland«:
Ich mußte im Fernsehen mit ansehen, wie einige hundert Revolutionäre im Heldendorf Lindow einen fast achtzigjährigen, gebrochenen und politisch wie moralisch gescheiterten Mann in die Flucht schlugen... Man kann nur hoffen, daß dieser Vandalismus im Ausland nicht allzu große Beachtung gefunden hat.
Nein, Uwe Busch aus Wismar: Das muß man befürchten. Zu hoffen wäre, daß es einen Finanzier gäbe, der diese echt deutsche Revolutionsszene vier Wochen lang in allen Kinos der Welt vorführen ließe, bis auch im hintersten Kurdistan die Bewunderer deutscher Helden die moralische Überlegenheit amerikanischer Hackklößchen zugeben müßten.

*